湖北省市场监督管理宣传教育中心　系列教材
PUBLICITY AND EDUCATION CENTER FOR HUBEI MARKET REGULATION ADMINISTRATION

市场监督管理所
岗位履职规范

《市场监督管理所岗位履职规范》编写组◎编著

WUHAN UNIVERSITY PRESS
武汉大学出版社

图书在版编目(CIP)数据

市场监督管理所岗位履职规范/《市场监督管理所岗位履职规范》编委会
编. —武汉:武汉大学出版社,2024.7(2025.5 重印)
ISBN 978-7-307-24370-5

Ⅰ. 市… Ⅱ. 市… Ⅲ. 市场监管—规范—中国 Ⅳ. F203.9−65

中国国家版本馆 CIP 数据核字(2024)第 080834 号

责任编辑:田红恩 责任校对:汪欣怡 版式设计:马 佳

出版发行:**武汉大学出版社** (430072 武昌 珞珈山)
(电子邮箱:cbs22@whu.edu.cn 网址:www.wdp.com.cn)
印刷:湖北云景数字印刷有限公司
开本:787×1092 1/16 印张:8.5 字数:193 千字 插页:1
版次:2024 年 7 月第 1 版 2025 年 5 月第 2 次印刷
ISBN 978-7-307-24370-5 定价:48.00 元

序　言

市场监管所是市场监管系统的基层组织和最基本力量，是现代化市场监管体系重要组成部分。市场监管所应当承担什么职能职责，应当遵守什么基本履职规范，需要什么基本履职保障，怎样提高市场监管所干部队伍专业化职业化水平，怎样化解市场监管所人少事多、监管力量不足、监管效能不高的难题？在推进市场监管所标准化规范化建设过程中，湖北省市场监管局深入调研了解基层关心关注的难点问题，认真总结全省系统推进定责履职标准化规范化工作成效，系统梳理市场监管所职能职责、工作规范、履职风险防范等情况，由人事处和宣传教育中心组织编写了《市场监督管理所岗位履职规范》，为市场监管所规范履职行为、提高监管效能提供基本参考，助力打造专业化职业化干部队伍。

指导编制职能职责清单，推进职能核定标准化。县级以上市场监管部门整合了原工商、质监、食药部门的职责，以及原物价部门的价格监督检查与反垄断执法职责、商务部门的反垄断执法职责，整合原工商、食药部门设在乡镇的机构组建了市场监管所。市场监管所应当承担哪些职能职责？一是要坚持正确政治方向。牢牢把握党中央、国务院关于市场监管工作的总体要求，坚持机构改革明确的职能定位，做好辖区内基础性监督管理和行政执法工作，以"三品一特"安全监管为首要职责。在系统调研基础上，推荐设置市场准入、日常监管（含"三品一特"、信用、广告、价格、网监合同）、消费维权、综合执法、"小个专"党建等12个标准化业务岗位和涵盖党建、普法宣传、信息化等职能的1个综合管理岗位。二是要坚持优化协同高效。按照"职权法定、权责一致"原则，依法界定合理划分内设机构、执法队伍、市场监管所事权，建立健全监管执法协调联动机制，着力构建全方位、多层次、立体化监管体系。三是要注重实事求是。综合考虑辖区经营主体、监管任务和干部队伍、基础设施装备配备等因素，结合实际分类制作职能职责清单，确保市场监管所接得住、做得好。

组织编写岗位履职规范，推进职能履行和保障规范化。市场综合监管和综合执法工作具有很强的综合性、专业性、技术性，特别是"三品一特"直接关系人民群众生命财产安全、公共安全，社会关注度高，容易引发纠纷、造成舆情，给市场监管队伍带来较大的履职压力和履职风险。面临新形势、新使命、新任务，市场监管所应该遵循什么样的基本履职规范？一是要明确基本任务和流程。在职能职责核定标准化基础上，认真梳理政策法规、工作实践中对市场监管所履职有关要求，细化完善工作职责、流程和注意事项。本书在每个章节设置了岗位职责、工作任务、工作流程及工作要求等内容，为依法依规履职尽责提供参考。二是要强化基础保障。建立以使用需求为导向的设施装备配备工作机制，根据职能履行需要做好办公用房、执法装备、食品快速检测设备等各类设施装备保障，推进实现设施完善、装备达标、标识规范、功能齐全的基础保障目标。本书在每个岗位的章节中梳理了设立岗位的条件和履行职责应当具备的日常办公、监管执法等基础保障条件。三是要防范履职风险。本书在每个章节中阐述了立足岗位职责的履职风险和应当采取的防控措施，为推进全面从严治党及行风建设各项要求在基层所落实提供参考。

开展岗位资格培训考试，推进队伍建设专业化职业化。市场监管所整合组建以后新增加的职能职责较多，工作量大面广，从单一监管向综合监管转变，对干部队伍的能力素质、履职要求更高。怎样提高市场监管所干部队伍专业化职业化水平？本书在综合管理章节中简要介绍了湖北省市场监管局以教育培训、能力建设为抓手推进市场监管所标准化规范化建设的主要做法和重点项目。一是加大教育培训力度。省局印发"十四五"时期教育培训规划，将教育培训作为提高基层能力建设、监管效能的重要着力点，围绕基层市场监管必备的政治理论、法律法规、执法技能、监管业务、综合管理等方面知识，部署开展全方位、多层次的教育培训。二是全面推行持证上岗和资格管理。开发建设线上培训考核系统，建立以岗位职责为依据、以提升岗位履职能力为重点的任职培训考核体系，省局面向市场监管所干部统一组织专业性岗位岗前培训和任前考试，考试合格的授予市场监管所标准化规范化岗位培训证书。三是推进所长示范引领。组织举办市场监管所所长讲坛，以解惑释疑、创新举措和典型案例为重点，组织讲授基层一线市场监管业务，交流推广亮点品牌工作和示范创建经验，推进所长队伍选优配强。

建设使用"三网一中心"，推进监管服务智慧化信息化。随着经营主体数量大幅增长，新业态、新产业、新的消费模式和需求层出不穷，原有的"巡查"监管由于监管力量不足、监管效果难以保障，已经很难适应新形势履职需要，监管资源和监管对象不匹配、监管能力和超大规模市场不适应的矛盾在基层一线尤为突出。怎样运用科技信息化手段化解市场监管所人少事多、监管力量不足、监管效能不高的难题？一是全面推进"三网一中心"建设。创新打造集成行政审批业务的"智慧审批一张网"、着眼综合协同监管的"智慧监管一张网"、提供"一站式"聚合服务的"智慧服务一张网"和集"三网"数据于一身的"大数据能力中心"，构建覆盖所有业务领域、省市县所四级适用的全流程一体化监管平台。本书详细介绍了每个岗位网络系统的操作指南，便于基层干部比较便捷地了解主要功能和工作流程，同时还提供了运用信息化系统建立监管台账的工作指南。二是以智慧监管破解人力矛盾。强化信息化手段在市场监管所日常办公和监管执法全过程应用，以"机器换人"破解"人少事多"等难题，提升工作效能，减轻基层负担。三是以科技智能辅助提高履职能力。在全国率先建成应用覆盖省市县所四级的协同执法办案平台，嵌入智能辅助办案功能模块，实现对违法行为智能判断、执法依据精准推送。依托市场监管教育在线学习平台开发建设课程库、法规库、案例库、文书库、试题库，运用VR技术开发建设仿真实练培训系统。

下一步，湖北省市场监管局将深入学习贯彻党中央、国务院关于加强基层治理体系和治理能力现代化建设的决策部署和省委、省政府工作要求，认真落实市场监管总局推进市场监管所标准化规范化建设工作部署，坚持市场监管所建设的正确政治方向，持续提升市场监管所标准化规范化示范创建水平，为推进湖北建设全国构建新发展格局先行区提供坚强保障。

《市场监督管理所岗位履职规范》编委会

2023 年 12 月

目　　录

第一章　综合事务岗位履职规范

一、岗位职责

负责市场监管所支部建设、组织生活、党风廉政建设、行风建设等党务工作，内务管理、人事管理、财务管理等政务管理工作，普法宣传工作，信息化工作，完成所长交办的其他工作任务。

二、工作任务及要求

（一）党务工作

1. 支部建设。按规定成立党支部或联合党支部。支部班子坚强有力、团结和谐，合理确定支部班子分工，重大事项集体研究讨论决定。

2. 组织生活。建立健全"三会一课"、谈心谈话、主题党日、组织生活会、民主评议党员等组织生活制度，执行规范有力。支部年度工作有计划，目标明确，措施具体，落实到位。定期召开支部党员大会、支委会、党小组会，按时上好党课。党支部委员与一般干部开展谈心谈话一年不少于一次，书记了解党员干部的思想状态等情况。定期开展主题党日，每次主题党日党员参与率符合规定。每年至少召开一次组织生活会。每年开展一次党员民主评议。

3. 党风廉政。严格履行党风廉政主体责任，落实"一岗双责"。党支部书记按要求开展述责述廉，接受评议和监督。加强党员监督管理，定期开展廉政警示教育，教育引导党员干部严格遵守党风廉政建设有关规定。每季度至少开展一次廉政警示教育活动或参加上级组织的学习教育活动。全面推行廉政风险点防范管理，建立岗位廉政风险防范清单，定期开展岗位廉政风险点排查，制定具体可行的防范措施。畅通监督举报渠道，设置举报电话、举报邮箱等并向群众公开。

4. 行风建设。完善落实机制，定期开展行风教育，以案释纪、以案释法。推行首问负责制、一次性告知制、服务承诺制，工作人员应当仪表得体、举止端庄、谈吐文明、精神振作、姿态良好，接待群众时应当主动热情、细致耐心、用语规范。要重点防范办事拖拉、推诿扯皮、敷衍塞责问题，随意检查、多头检查、重复检查现象，任性执法、简单粗暴、畸轻畸重、以罚代管等现象，数据造假等弄虚作假行为，收取不正当费用行为，吃拿卡要等权力寻租行为。行政执法人员严格执行《综合行政执法制式服装和标志管理办法》，其他人员结合实际规范着装。

5. 激励保障。关心关爱市场监管所党员干部，培养并树立身边先进典型。组织党员干部学习先进模范人物，彰显榜样力量。通过开展谈心谈话、走访慰问等多种形式，及时、准确掌握本所工作人员的思想表现和工作动态，对存在的实际困难和提出的合理要求及时妥善解决，在政治上激励、工作上支持、心理上关怀、生活上关心党员干部。通过创建党员先锋示范岗、评先评优等方式，大力培树身边典型。关心关爱工作人员身心健康，每年定期组织工作人员健康体检。认真执行带薪休假等制度。

（二）政务管理

1. 制度建设。内部管理制度健全，符合日常管理需要。建立健全学习、培训、会议、考勤、安全、档案、资产、应急、保密等管理制度。各项制度符合实际、科学合理、操作性强。

2. 内务管理。（1）定期召开所务会，通过传达学习上级市场监管部门重要会议和有关文件精神，研究贯彻落实意见，布置工作任务等。会议记录完整并妥善保管。（2）严格落实考勤制度，建立考勤记录和请休假台账。（3）加强应急安全管理，有相应的安全、应急预案，防范失火、被盗等安全事故发生。（4）建立资产财物登记台账，账实相符。（5）内部档案保存完好，实现信息化管理，档案归档及时完整，防范丢失事件。（6）严守保密纪律，落实保密安全管理措施，防范失泄密情形，不泄露当事人隐私。（7）落实请示报告制度，重要事项及时请示，重大问题随时报告，程序合规，资料完备，不得迟报、漏报、瞒报。（8）在县级局领导下做好政务公开工作，依法主动公开人员信息、监管职责、服务事项、办事程序、服务承诺等。（9）负责文件流转和档案管理工作，按照规定程序流转公文、督促落实，对工作中形成的具有保存价值的文字、图表、视听材料等分类建档、集中保管。

3. 文化建设。打造特色文化，将文化内涵融入市场监管所各项工作，增强所内凝聚力、向心力。

（三）人事管理

1. 事权划分。在县级局领导下制定市场监管所事权清单，按照"职权法定、权责一致"原则，依法界定合理划分内设机构、执法队伍、市场监管所事权，分类制作市场监管所职能职责清单，并根据市场监管所工作实际和履职能力动态调整，着力构建全方位、多层次、立体化监管体系。

2. 岗位职责。推进市场监管所定责履职标准化规范化，依据事权清单合理设置标准化规范化岗位，做到岗位职责清晰明确、业务流程规范、人员定岗定位。落实岗位责任制，以市场监管所通用性业务规范、工作规则为参考，加强岗位责任制管理。

3. 人员配备。在县级局领导下，推进监管执法力量向市场监管所下沉，用足用好市场监管所编制资源，配齐配强市场监管所干部。加强新录用编内人员管理，有计划安排接收新录用人员到市场监管所工作锻炼。规范借调人员管理，被借调人员借出履行相关手续。人员专业结构科学，法律、食品、药品、医学、工业产品、特种设备等专业背景的人员满足工作需要。严格落实辅助人员管理办法规定，不得安排辅助人员违规从事监管执法等工作。

4. 队伍建设。推行专业性岗位持证上岗和资格管理，按照"一人多岗""一专多能"的要求建立复合型职业化基层干部队伍。承担特种设备安全监管职责的市场监管所应当配备持有 B 类安全监察员证人员。监管执法人员会监管、会办案、会服务、会维权，实现"一专多能"，加大持有执法证人员配备力度。落实标准化规范化岗位培训考试制度，按照岗位履职需要参加培训、考核，取得市场监管所标准化规范化岗位培训合格证书。

5. 教育培训。落实定期学习制度，突出政治性、专业性、技术性要求，定期开展学理论、学政策、学法规、学业务活动，探索开展科（股）所队互学互助、以案代训、所长大讲堂等多种学习方式。认真落实培训制度，按要求参加上级组织的培训，定期组织观看省局市场监管半月谈、所长讲坛等线上直播培训课程，参加省局组织的市场监管所标准化规范化岗位培训。组织参加相应的初任培训、任职培训、专题培训、岗位培训、专门业务培训和集中轮训。督促落实工作人员按时完成法宣在线、学习强国、市场监管总局、省市场监管局等各个平台的学习培训课程。市场监管所工作人员培训时间每年累计不少于12 天或者 90 学时。

6. 班子建设。按照县级局和组织人事部门有关要求，承办班子建设日常工作。认真做好各类考核迎检日常工作。认真总结基层建设、队伍建设等典型经验、创新做法，积极向上级机关和有关刊物报送。

7. 绩效考核。在县级局领导下，采取平时考核、专项考核、年度考核等方式做好市场监管所工作人员考核，考核结果作为任职、奖励、晋升的主要依据。

（四）普法宣传工作

落实"谁执法谁普法"普法责任制，积极拓展普法宣传手段和渠道。在电子显示屏、公众服务窗口、宣传栏等传统媒介基础上，拓展微博、微信、微视频等新媒介开展普法宣传。推进普法宣传进乡村、进社区、进学校、进企业、进网络，通过法治讲座、行政指导、发布典型案例等方式开展群众性普法宣传，每年不少于 4 次。重点工作任务如下：

1. 贯彻落实上级普法工作机构关于开展法治宣传教育的规划、意见和有关指示精神；

2. 落实年度普法计划和普法清单，并报上级普法工作机构备案；

3. 开展习近平法治思想、宪法、民法典、市场监督管理法律法规章及党内法规等普法重点内容的宣传活动；

4. 围绕知识产权保护、食品药品安全等重点领域，组织开展专项普法依法治理活动，并开展以案释法活动；

5. 及时总结推广辖区内普法宣传的先进典型和经验，定期向上级普法工作机构报告法治宣传教育工作的进展情况；

6. 组织本所干部参与上级举办的法律知识竞赛、学法用法考试及法治教育培训。

（五）信息化工作

市场监管所工作人员应当具备基本的办公自动化系统、业务系统使用能力，应当及时将涉及市场主体的行政许可、日常监管、投诉举报、行政处罚等各类市场监管信息，通过相应业务系统进行归集报送。重点任务如下。

1. 贯彻落实上级信息化部门关于信息化建设规划、意见和有关指示精神；
2. 负责基层市场所信息化相关设施设备的日常运行与维护等工作；
3. 负责基层市场所信息化系统相关软件、应用平台及相关权限、账号等的日常管理、维护等工作；
4. 负责基层市场所信息化网络环境的日常管理与维护等工作；
5. 负责基层市场所网络、数据及信息系统安全，对发现的安全问题要及时处置与上报；
6. 负责宣传普及正确的信息化设施设备使用方法、各类软件的应用技巧，做好信息保密宣传教育。

三、有关工作流程及要求

（一）党建工作

工作流程：制定党建年度工作计划及工作要点，逐项深入落实，定期总结报告。各项具体党务工作按照有关规定办理。

工作要求：

1. 党员管理精细化。以提高党员队伍建设质量为着力点，严格发展党员程序，突出党性教育和政治理论教育，强化日常管理监督，加强激励关怀帮扶，稳妥处置不合格党员，教育引导广大党员增强"四个意识"、坚定"四个自信"、做到"两个维护"。

2. 组织生活规范化。以严肃党内政治生活为着力点，严格落实"三会一课"、党支部主题党日、组织生活会和民主评议党员等制度，创新形式、丰富内容，增强组织生活的感染力、吸引力和针对性、实效性，实现"党性主题鲜明、氛围严肃庄重、融入日常经常、党员自觉参加"。

3. 特色党建品牌化。系统化运用"党建+"模式，结合党员示范岗、党员干部下沉社区、示范支部创建等活动，引导党员干部围绕群众需求、立足本岗位开展特色服务，推动党建品牌、文化品牌、志愿服务品牌实现"物理整合"到"化学融合"，提炼出以党建引领的"一单位一品牌，一支部一特色，一党员一旗帜"的市场监管党建品牌矩阵。

（二）政务管理工作

1. 安全管理工作
（1）高度重视安全保卫工作，执行安全保卫制度，加强全所人员安全教育。组织做好值班值守，定期开展防火、防盗等安全检查，召开安全分析会，通报问题和风险，督促及时整改、消除隐患。

（2）做好物防工作。加固财务室、办公室、厨房、监控室、仓库、档案室等重点部位门窗，按规范配齐各类安全设备并定期检查，确保设备正常有效。

（3）做好人防工作。专人保管各种印鉴、文件、资料、报表及电子数据信息等，严防失密泄密。定期组织安全警示教育，开展所内安全检查，不断提高全所人员安全防范意识和水平。

（4）做好技防工作。做好所内视频监控系统保管维护，定期检查设备运行状况，及时备份视频监控资料。发生安全事件时及时调取监控画面，配合做好事故调查、处置工作。

2. 所务会制度

（1）定期召开所务会，由所长主持，所长因故无法参加的安排副所长主持会议。

（2）全体干部职工规范着制服参加会议，并按照会议安排相应开展工作。

（3）参会人员要注意会议纪律，认真做好记录，不交头接耳、不抽烟、不玩手机，对会议部署工作任务按要求认真落实并及时向所领导汇报。

3. 学习培训制度

为推动干部职工学习培训工作规范化、制度化建设，进一步提高干部职工的思想政治觉悟、科学监管水平和依法行政能力，制定本制度。

（1）学习培训方式：坚持集体学习与个人自学相结合，专题辅导与研讨交流相结合。每周四下午集中学习，全体干部职工必须按时参加学习活动，并认真做好学习笔记。无特殊情况不得请假或旷课。

（2）学习培训内容：学习习近平新时代中国特色社会主义思想，学习党的路线方针政策、社会主义核心价值观、党史国史、国情形势；学习党和国家关于市场监管的方针政策，学习总局关于市场监管工作的决策部署；学习掌握市场监管法律、法规和规章；学习掌握登记注册、行政许可、日常监管、执法办案、消费者权益保护等业务知识，掌握工作岗位必备的业务技能。

（3）学习培训要求：政治业务学习由综合事务岗负责组织，所领导主持。每年初要制订年度学习培训计划，由所长办公会讨论批准后组织实施。根据工作需要，积极组织人员参加上级组织的各类培训，并由培训参加人员对未参训人员进行再培训，达到开阔视野、共同提高的目的。适时组织专题教育培训，提高干部职工的行政执法能力和综合知识水平。工作人员应坚持自学，并记好笔记，不断充实知识，陶冶思想情操，加强政治修养，提高业务素质。学习情况纳入干部职工的年度考核。

4. 财务管理工作

（1）票据管理及收入收缴

基层市场所使用的各种非税收入票据、罚没款收入票据及往来票据等，都应统一在局财务室领取。不得擅自使用自制票据或其他票据，不得擅自另立收费项目。开具票据要规范，各类票据不得混用，票据遗失、被盗，应在发现之日起三日内及时报告局财务室，按财务室意见处置。

严格执行非税收入相关规定，基层市场所有收入全部纳入预算管理范围，取得的各种收入应当及时、足额缴入经区财政局批准开设的账户，严禁挪用、截留和坐支。

（2）经费支出管理：经费支出应遵照年初预算执行，并本着厉行节约，按计划的原则合理使用，费用开支要严格执行各项财务制度和规定，不得扩大开支范围，不得提高开支标准，不得随意挪用。

（3）公务卡和现金管理：基层市场所在职工作人员因工作需要发生的日常公务开支（包括公务接待费、差旅费、印刷费、会议费、培训费等），在不能或不方便转账支付的情况下，须用公务卡予以结算支付并按规定程序办理报销手续，不得擅自使用现金支付，严控现金支付范围。

（4）车辆管理：执法车辆统一实行一车一油卡加油和定点保险和维修，专人保管加油卡并做好每次加油的明细登记，严禁将本车油卡用于其他车辆特别是私车加油。车辆外出途中特殊情况无法用油卡加油时，须经基层所负责人同意并经共同出车人见证，加油发票由财务内勤审核按流程办理报销。

（5）固定资产管理：固定资产应建立台账，定期进行账实盘点，保证账账相符账实相符。

（6）经费支出审批程序及权限：所有开支必须坚持"谁经手谁报批"的原则，发票填写必须项目要齐全、规范，须有经手人、证明人、所负责人签字，写明支出事由；经费报销需事先经财务人员对报销原始凭证的合法性、真实性和完整性进行审核，然后依照规定财务程序逐级审批。

5. 考勤管理工作

（1）日常管理

全所工作人员必须自觉遵守办公时间，工作人员工作日每天上下班实行打卡制度。严格做到不迟到、不早退、工作时间不串岗，有事请假。

（2）病假管理

干部因病须治疗、休养的，附相关医疗机构开具的病休证明（急诊除外），可以请病假。法定节假日、公休计入病假假期。

（3）事假管理

干部确因特殊情况需要占用工作时间办理私事的，可以请事假。请事假必须在请假申请表中如实填写事由、地点、时间，提前办理有关手续。一年内事假累计超过规定期限的，原则上年终考核不得评为优秀。

（4）年休假管理

年休假假期：工作人员工作年限已满 1 年不满 10 年的，年休假 5 天；已满 10 年不满 20 年的，年休假 10 天；已满 20 年的，年休假 15 天。工作人员有下列情形之一的，不享受当年的年休假：

工作年限满 1 年不满 10 年的工作人员，请病假累计 2 个月以上的；工作年限满 10 年不满 20 年的工作人员，请病假累计 3 个月以上的；工作年限满 20 年以上的工作人员，请病假累计 4 个月以上的；若工作人员已享受当年的年休假，年内又出现以上情形之一的，不享受下一年的年休假。

（5）外出培训管理

凡工作人员参加上级有关单位和部门组织的培训，必须提供相关单位和部门的正式通知；凡外出参加培训的，必须办理外出请销假手续，填写"请销假（外出）审批表"。

（6）请销假管理

严格按照规定办理请假（含外出培训）手续，填写"请销假（外出）审批表"。如来不及书面请假的，要按照程序先行口头请假，事后补报。

（三）普法宣传

工作流程：制定普法清单，逐项深入落实，定期总结报告。

工作要求：

1. 应当坚持普法宣传与监管执法相结合，利用多种形式开展法治宣传工作；

2. 注重清单化管理、项目化推进、责任化落实，确保普法工作有声有色、有力有效开展；

3. 结合"3·15"国际消费者权益日、"4·26"世界知识产权日、"5·20"世界计量日、"12·4"国家宪法日、质量安全月、食品安全周等纪念日、宣传周等重要时间节点，开展相关法律法规主题宣传教育活动。

（四）信息化工作

工作流程：接收信息化需求，制定响应措施，逐项落实响应，定期汇总、分析和总结。

工作要求：

1. 加强网络安全知识学习，在全所范围内开展网络安全知识宣传，提高全所人员的网络安全意识；

2. 加强业务技能学习，高度重视信息化工作的学习和积累，积极参加各级各类应用系统及信息化技术教育培训，不断提高信息化工作专业知识和技能水平；

3. 严格遵守安全操作规程，认真学习掌握信息化设施设备操作规范，坚持做到合规操作，保障全所信息化设施设备安全、有序运行。

四、内网门户系统操作

（一）系统登录

1. 电脑端内网门户登录

登录湖北省市场监督管理局内网门户，登录网址：http：//192.0.97.142 点击导航栏【公文办理】，进入协同办公系统，输入用户名和账号密码即可登录。内网门户出现故障时，可直接访问 http：//192.0.95.106（如有更改将另行通知），登录协同办公系统。

2. 移动端 APP 登录

使用全省统一协同办公系统进行日常办公，APP 仅支持安卓、鸿蒙手机和平板。通过链接或者扫码下载安装。下载地址：http：//scjg.hubei.gov.cn/moa/apk/hbscjgj.apk

3.移动端微信登录

各类安装"企业微信"程序的移动设备（支持安卓、鸿蒙和苹果等），提交申请待管理员审批通过后，即可使用企业微信移动办公功能。

（二）主要功能

本系统主要用于指导基层工作人员开展协同办公系统中的公文流转、信息查看等工作。

适用对象主要为基层市场监管所综合事务工作人员。

（三）操作指南

本系统所含的功能模块包括：协同办公系统中的公文管理、个人信息、公共信息等模块，内网门户的首页登录功能和门户"通知公告"等栏目信息。

1.电脑端

（1）文件签收

机关收发文流转一般以局办为中心，依托系统流程在全局范围内流转，基层市场监管所只需参与文件传阅环节。

登录本市州局内网门户首页后，在【办公OA】图标的角标内会显示本所待收的文件数。选择【办公OA】进入协同办公系统，在【工作台】的待办中心首页会显示各类待办文件。点击待办文件标题，即可显示文件处理详情。

需要注意的是，系统只显示最新的五条待办信息，如需查看所有文件可点击右上角的"更多"链接。

（2）文件转发

已经签收的文件，通过【个人事务】中的文件快递可转发给本所其他相关人员，转发时可附带处理单或附件以及分发意见。接收人在收到文件后，可在【文件快递】-收件箱中查看。

（3）文件查询

在本人权限范围内，支持"按类型""按部门"查找本单位文件，输入文件标题或文号即可。查询结果以列表显示，点击可查看详情。

（4）通知公告

在"公共信息"的"信息管理"中包含了通知公告、领导讲话、文件浏览等多个栏目，点击对应栏目标题即可显示信息列表，点击文件标题可查看到信息的详细内容。

（5）门户信息

各市州局内网门户网站可显示"通知公告""文件浏览""局务公开"等常用信息，具体内容由各市州局系统信息管理员发布。

（6）文件快递

可通过此模块发送文件，实现文件的快速、简易传递。具体分为收件箱、发件箱、新建文件三项子功能。新建文件即进入文件编辑页面，发起文件；收件箱中显示本人所有内部待收文件，点击标题可查看详情，进行回复等；发件箱中显示本人已发内部文件，点击接收情况可查看接收详情。

2. 手机端

（1）待办事项

集中汇总显示个人待办文件，文件可按待办、待阅分类列表显示，待办文件列表显示提交人、送达时间、文件标题，点击待办文件标题，可查看公文详情。

（2）已办事项

显示已经办理文件列表，可按标题检索、可跟踪流程。

（3）文件查询

输入文件标题、文号，设定开始日期和结束日期，选择文件类型进行组合查询可查看本人权限范围内的所有文件。

（4）通知公告

显示各类通知公告信息，点击任一栏目后进入信息列表，可点击标题查看通知公告详情。

五、干部教育培训系统应用

（一）市场监管教育在线

省市场监管局教育培训工作实行统一归口管理，由省局人事处主管、各处室分工负责、省局各直属事业单位参与、省局宣传教育中心具体组织实施的管理体制和工作机制。宣传教育中心承担省局培训课程体系的研发、建设工作，打造以市场监管教育在线（www.mreln.com）为主体的系统化、专业化、现代化在线教育学习管理平台，融合课程库、法规库、案例库、文书库、试题库等线上辅助学习工具，提高培训、学习、考评的针对性和有效性，以满足培训单位和学员多元化、个性化的需要。

1. 课程设置。市场监管教育在线共设置企业培训、小个专党建、公益培训、普法和干部教育专题培训等培训课程体系。按照年度干部教育培训计划，受省局相关处室和有关市、县局委托，面向基层一线市场监管干部开设线上线下相融合的专题培训课程。

2. 学员登录。首次使用"市场监管教育在线干部教育子平台"的学员，登录 gbpx. mreln. com，点击右上角"注册"，并按提示填写信息注册学习账号，设置密码。注册账号的手机号必须与报名手机号一致，否则可能会无法加入课程。已经有账号的学员可直接登录，若忘记密码可以选择手机验证码登录。

3. 加入课程。将课程链接复制粘贴至浏览器地址栏，点击回车键后，即可出现以下页面，点击课程图片右下角"加入课程"，提交个人信息，进入班级，开始学习线上课程。

4. 线上考试。进入"我的学习",选择左侧导航栏"考试",点击"进入考试"。线上培训课程可配套在线测试功能,学员通过测试后按要求填写提交培训合格证书申请信息。试卷总分 100 分,时长限制 120 分钟,每位学员可参加 2 次测评,任意一次取得 80 分以上为合格。

5. 申请证书。进入"我的学习",选择左侧导航栏"证书",点击"立即申请"。

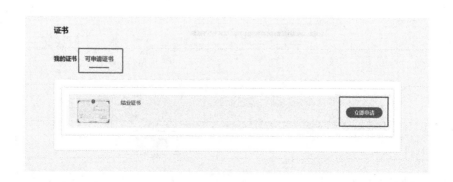

（二）市场监管所标准化规范化岗位任职线上培训

根据市场监管所标准化规范化示范创建工作需要，省市场监管局大力推进市场监管所定责履职标准化规范化，建立以岗位职责为依据、以提升岗位履职能力为重点的任职培训考核体系，推进专业性岗位持证上岗和资格管理，打造"一专多能"的复合型职业化基层干部队伍。依托市场监管教育在线平台建设线上培训考核系统，统一组织开展岗前培训和任前考试，考试合格的授予市场监管所标准化、规范化岗位培训合格证书。培训课程可全年回看。

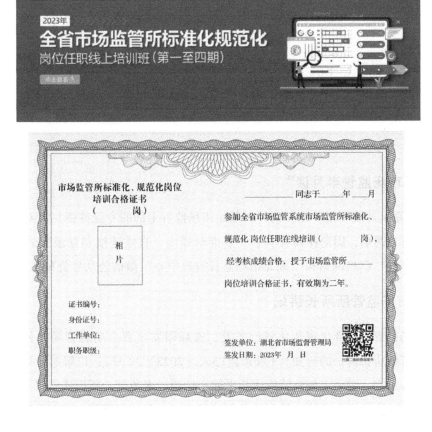

（三）食品检查员培训

按照市场监管总局《关于加强食品检查队伍专业化职业化建设的指导意见》（国市监人〔2019〕73号）要求，省局印发《省市场监管局办公室关于建立食品检查员培训考核制度的通知》（鄂市监办人〔2022〕57号），统一组织开展全省市场监管系统食品检查员岗前培训和任前考试，经考试合格的授予食品检查员岗位资格证。依托市场监管教育在线，省局开发建设食品检查员线上培训考核系统，建立全省食品检查员信息库，线上开展业务培训、岗前考试和检查员资格考核管理工作。

（四）"市场监管半月谈"

"市场监管半月谈"是一档专门针对基层市场监管干部的专业性强、针对性强的直播培训活动，每月两期，固定在周五下午 3 点准时播出。直播链接和登录方式将通过"市场监管教育在线"门户网站和"湖北市场监管宣教中心"微信公众号公布。

（五）市场监管所所长讲坛

根据市场监管所标准化规范化建设需要，省局印发《省市场监管局办公室关于组织举办市场监管所所长讲坛的通知》（鄂市监办人〔2023〕39 号），以解惑释疑、创新举措和典型案例为重点，邀请市场监管所所长采取小切口、多角度、新形式讲授基层一线市场监管业务，交流推广亮点品牌工作和示范创建经验。采取组织推荐、个人报名、逐级遴选等方式，各市、州、县局综合比选优秀市场监管所所长参加所长讲坛授课。参加授课人员一般应当具有扎实的理论功底、业务能力，具备一定的授课能力，做到自己讲得务实透彻、学员学得解渴管用；要具有突出的工作实绩，工作特色亮点鲜明，在五星、四星市场监管所示范创建中取得明显成效。市场监管所所长讲坛授课内容，将以网络直播形式在"市场监管半月谈"播出，纳入市场监管所标准化规范化岗位任职培训课程（报名方式：授课讲稿电子版、报名表发至电子邮箱：hbsjpx@163.com）。

六、设 立 条 件

1. 依据《党章》《党支部工作条例》《市场监督管理所建设规范（暂行）》等，市场监管所有 3 名以上正式党员的应当成立党支部，配备党务干部。

2. 依据《市场监督管理所建设规范(暂行)》《市场监督管理所等级评定管理办法(试行)》等，市场监管所要开展内务管理、人员管理、教育培训、激励保障、文化建设、普法宣传、信息化建设等工作。市场监管所应当配备至少 1 名信息管理员(可兼职)，能熟练使用各类信息化系统，并配合县级市场监管局做好网络搭建及软、硬件的维护管理工作。

七、基础保障条件

（一）党建工作

把党支部工作经费、党员教育经费列入年度工作预算。设置党建活动室。

（二）政务管理

配备具有相关专业知识技能、能正常履行职责的专（兼）职工作人员。设置档案室、会议室、值班室等。档案室配备统一档案柜、档案盒，市场准入、日常监管、消费维权、执法办案等工作资料分类管理。

（三）普法宣传

把普法工作经费列入年度工作预算。

（四）信息化管理

配备足够的网络通信设备及通风、消防等安全保障设备。应开通互联网和业务专网，网络接口覆盖主要办公区域，网络安全和数据安全符合相关要求。配备统一的办公自动化系统和业务系统，按照相关信息化规范开展工作，提升工作效率。每个市场监管所至少配备 1 台互联网计算机，每位工作人员应当配备 1 台业务专网计算机。及时更新维护，确保正常运行和网络安全、数据安全。

（五）办公用房

市场监管所可设置办公用房、业务用房、其他用房等，保障办公用房，根据业务需求配备业务用房，有条件的可增设其他用房，以保证整体工作环境符合日常办公、监管执法要求。

办公用房分为办公室、服务用房、设备用房和附属用房。办公室包括：工作人员办公室；服务用房包括：会议室、值班室、档案室、文印室、信息网络用房、机要保密室、开水间、卫生间等；设备用房包括：变配电室、锅炉房、空调机房、通信机房等；附属用房包括：食堂、警卫用房、停车库、人防设施等。档案室配备统一档案柜、档案盒，市场准入、日常监管、消费维权、执法办案等工作资料分类管理。

业务用房可按市场监管所担负的业务职能来设置。综合服务大厅（办事窗口）：用于办理注册登记、受理咨询等，接待、宣传、自助、便民、无障碍等服务设施设备齐全，公开人员信息、工作职责、服务流程等；执法装备库：用于保管、存放执法装备；执法问询室：用于执法办案询问调查；调解室：用于受理和处理消费者投诉等；快速检测室：用于快速检测食品、食用农产品、工业产品等；罚没物品库：用于保管、存放罚没物品；党建活动室（培训室、阅览室）：用于阅读党建、市场监管等方面报纸杂志、图书资料，开展政治理论学习和业务培训；更衣室：用于更换执法服装、佩戴执法标志。

其他业务用房用于满足其他业务工作需要。临时休息室：用于解决市场监管所工作人员履行应急值守等特殊工作任务和居住较远职工的住宿问题；淋浴室：用于市场监管所工作人员日常巡查、住宿洗浴等。

（六）设施设备

结合日常办公、监管执法基本需要，坚持厉行节约原则，按照相关规定配备各类设施装备，及时对其进行更新、优化、升级，确保正常有序开展工作。重点配备以下设备。

办公配套设备：主要用于基础办公工作支撑，包括办公桌、办公椅、会议桌、会议椅、文件柜、保险柜、档案柜、更衣柜等。

电子信息设备：主要用于日常信息化办公，包括计算机、电话机、打印机、传真机、复印机、扫描仪、视频会议系统等。

交通装备：开展监管执法工作时使用的交通工具，包括执法执勤机动车（汽车、摩托车）、电动自行车、自行车。

基础装备：主要用于开展监管执法工作的基本工具，包括制式服装、对讲机、手持执法终端（手机）、执法记录仪、便携式计算机（笔记本电脑或平板电脑）、便携式打印机、照相机、摄像机、录音笔等。用于市场监管所监管执法工作的其他装备包括扩音器等。

取证装备：主要用于监管执法取证工作，包括便携式扫描仪、便携式复印机、光盘刻录机、存储设备（移动硬盘、U 盘）、红外测温仪等。

快速检测装备：主要用于监管执法中的快速检测和筛查，包括食品安全快速检验箱、药品快速检验箱、电子天平、电子 ATP 测量仪、可燃气体检测仪、有毒有害气体检测仪、便携式冷藏箱、各类现场快速检测盒、各类检测卡、各类试剂、各类试纸等。

应急处置（防护）装备：主要用于市场监管所的应急处置及工作人员的防护，包括防护套装（防尘毒口罩、防毒面具、防护服装、护目镜、绝缘鞋、带灯安全帽、反光背心、防护手套等）、强光手电（普通型、防爆型）、消毒设备及用品、应急包、警戒带及其标志等。

宣传设备：主要用于宣传市场监管法律、法规、规章和有关政策，包括电子显示屏、电视机等。

接待设备：主要用于接待群众，包括窗口接待柜台、窗口等候区座椅等。

市场监管所出于工作需要和安全需要应当配置电子监控系统、消防安全控制系统等其他相关设备。

（七）标识管理

按照《市场监督管理系统标识使用规范》《市场监管总局关于市场监管标志（局徽）样式及其使用管理、制作等事项的通知》要求，规范使用局徽，统一规范外观形象标识、办公环境标识、设施装备标识，视觉效果鲜明，凸显市场监管特色。根据建筑特征、办公要求和服务需求设置，主要包含外观形象标识、办公环境标识、设施装备标识。

1. 外观形象标识由必要标识和可选标识组成，必要标识包括：形象标牌（门头）、单位挂牌、工作时间牌、信息铭牌等；可选标识包括：指示牌、防撞贴、标识贴、户外指示牌、电子屏（跑马屏）等。在门头悬挂形象标牌，在主入口处立体墙面悬挂印有市场监管所规范全称的牌匾。应当使用统一的工作时间牌、信息铭牌、指示牌等。

2. 办公环境标识由大厅背景墙、会议室背景墙、附壁导视牌等组成。各功能区域应当有明显标志，适当位置放置清晰的办公区域平面图。应当使用统一的大厅背景墙、会议室背景墙、附壁导视牌等。

3. 设施装备标识主要包括执法执勤车辆喷涂标识等。应当使用统一的执法执勤车辆喷涂样式，其他设施装备可使用统一标志，设计及设置应当符合相关标准要求。

八、履职风险及防控能力

（一）党建工作

履职风险：是否在规定的时间节点内按规定程序、按计划完成党建工作；是否保质保量完成"三会一课"，开展党风廉政教育。

防控措施：

1. 加强计划部署。年初认真制定科学全面的党建年度工作计划和要点清单，并逐项对照检查。

2. 细化工作要求。根据上级党组织最新工作要求适时对党建工作计划和清单进行动态调整。

3. 提高工作质效。定期与上级党组织对接沟通，及时了解工作要求细节，优化工作流程。

（二）政务管理

1. 财务岗位履职风险及防控措施：

履职风险：

（1）非税收入不及时入账。

（2）不按照规定管理、使用票据、致使票据损毁、丢失。

（3）预算支出管理不够规范，经费支出计划和控制的严谨性不强。

防控措施：

（1）加强财务法规学习，夯实理论基础。组织财务人员学习财经纪律。提高财务人员理论水平，做到从思想上重视、业务上熟练，为防范财务风险打下坚实基础。

（2）规范管理，加强监督。严格执行政府会计制度要求，认真落实资金管理的有关规定，制定严格的基层所财务管理制度和岗位职责明细，做到责任明确到人，管理落到实处。

（3）全面落实"收支两条线"，严格执行"罚缴分离"。严格执行非税收入相关规定，取得的各种收入应当及时、足额缴入经区财政局批准开设的账户，严禁挪用、截留和坐支。加强预算管理，不得扩大开支范围，不得提高开支标准，不得随意挪用。

（4）加强对现金、票据、固定资产的管理。建立健全有关现金、票据、固定资产的管理制度，开展定期核查，从日常工作中防止和杜绝各类不廉洁行为的发生。

2. 机要保密岗位履职风险及防控措施：

岗位风险：

（1）未严格落实保密工作规定导致发生涉密文件、物品丢失，或发生任何形式的失泄密事故；

（2）对信息发布把关不严，导致在互联网站、微信群里发布涉密信息；

（3）在非涉密计算机上处理涉密信息和内部资料。

防控措施：

（1）加强保密法律、法规的学习，严格执行各项保密法律法规，遵守保密工作纪律。

（2）严格加强信息公开保密审查，未经单位审查批准，不擅自发表涉及未公开工作内容的文章、著述。

（3）加强涉密信息设备保密管理。严格按照手机、计算机、网络、移动存储介质使用规定。严禁在互联网上存储、处理、传递涉密信息和内部资料，做到涉密计算机不联网、涉密文件不得上网。

（三）普法宣传

履职风险：上级下达的普法宣传任务是否100%按时、按要求完成。是否在重要时间节点在辖区内进行相关法律法规主题宣传教育活动。

防控措施：年初认真制订全面的普法计划和普法清单，并逐项对照检查。根据本年度制定、修订的法律法规规章适时对普法计划和清单进行动态调整。定期与上级普法工作机构对接，掌握工作要求。

（四）信息化工作

履职风险：

1. 未严格按规范流程操作，导致设备损坏、数据损坏无法恢复等；

2. 未严格落实工作信息保密要求，导致工作信息、工作秘密等从网络外泄或随报废的设施设备外泄；

3. 未严格落实网络安全有关要求，发生病毒入侵，导致系统和网络瘫痪。

防控措施：

1. 加强保密法律、法规的学习，严格执行各项保密法律法规，遵守保密工作纪律；

2. 加强操作规程和技术知识的学习，严格按照规范流程进行操作和处置；

3. 加强网络安全法律法规的学习，严格执行网络安全相关法律法规。

九、常 用 表 格

××市场监管所外出报备审批单

外出人员	
外出时间	___年___月___日 至 ___年___月___日
外出地点	
外出事由	□参加会议　　□参加培训　　□学习考察 □督导协调　　□执法检查　　□查办案件 □节假日外出　　其他_____
个人申请	___年___月___日
分管副所长 审批意见	___年___月___日
所长 审批意见	___年___月___日
局领导审批	___年___月___日
备注	

××市场监管所请假休假审批单

姓　名		职务职级			
出生年月		参加工作时间		请假天数	
请假休假种类	□年休假　　　□事假　　　□婚假　　　□产假 □病假　　　□陪产假　　□探亲假　　□丧假				
请假休假事由与 前往地点					
请假休假时间	＿＿年＿＿月＿＿日至＿＿年＿＿月＿＿日 其中，离开驻地时间：＿＿年＿＿月＿＿日至＿＿年＿＿月＿＿日				
个人申请	＿＿年＿＿月＿＿日				
分管副所长 审批意见	＿＿年＿＿月＿＿日				
所长 审批意见	＿＿年＿＿月＿＿日				
局领导审批	＿＿年＿＿月＿＿日				
备注					

市场监管所所长讲坛报名推荐表

<table>
<tr><td rowspan="7">所长信息</td><td>姓　名</td><td></td><td>性别</td><td></td><td>出生年月</td><td></td></tr>
<tr><td>政治面貌</td><td></td><td>学历</td><td></td><td>专业技术职务</td><td></td></tr>
<tr><td>现任职务</td><td colspan="5"></td></tr>
<tr><td>主要任职经历</td><td colspan="5"></td></tr>
<tr><td>亮点工作与荣誉信息</td><td colspan="5"></td></tr>
<tr><td>联系方式</td><td colspan="2"></td><td>电子邮箱</td><td colspan="2"></td></tr>
</table>

<table>
<tr><td rowspan="2">讲授主题</td><td>课题类别：　　"三品一特"安全监管□　　　　登记注册□
"小个专"党建□　　　　消费维权□　　　　执法办案□
日常综合监管□　　综合事务管理□　　　　其他□</td></tr>
<tr><td>授课题目：</td></tr>
<tr><td>所在单位申请</td><td>（盖章）
　　　年　月　日</td></tr>
<tr><td>县局推荐</td><td>（盖章）
　　　年　月　日</td></tr>
<tr><td>市局审核</td><td>（盖章）
　　　年　月　日</td></tr>
</table>

注：各市州局将此表扫描件、授课讲稿电子版一并报送至电子邮箱：hbsjpx@163.com。

市场监管所标准化规范化岗位线上培训报名表

（第　　期）

填报单位：　　　　　联系人：　　　　　联系电话：

序号	姓名	性别	市州	县级局	市场监管所	职务职级	手机号码	身份证号码	备注
1	××	男女	××市	××县（市、区）市场监管局	××市场监管所	科员 ××	××	××	
2									

第二章 登记注册岗位履职规范

一、岗 位 职 责

（一）受登记机关委托做好本辖区内经营主体的登记注册工作；

（二）做好登记注册有关政策的宣传和解读；

（三）贯彻落实《促进个体工商户发展条例》，推进商事制度改革，优化营商环境，支持本地区经济发展。

二、工 作 任 务

（一）依法办理辖区内个体工商户、个人独资企业、农民专业合作社等经营主体的设立、变更（备案）、注销、歇业等登记注册工作。

（二）为申请人提供登记业务指导，以及登记注册相关法律法规、政策措施咨询服务。

（三）深化商事制度改革，推进登记注册便利化，优化营商环境，全力支持辖区经济发展。

（四）负责本辖区内经营主体登记档案的归档、管理和查询工作。

（五）负责辖区内经营主体数据的统计分析工作，及时上报有关情况和统计报表。

（六）完成上级交办的其他工作。

三、个体工商户登记工作流程

（一）受理

依照《促进个体工商户发展条例》《市场主体登记管理条例》设立的个体工商户申请设立登记需收取如下申请材料：

1.《个体工商户登记（备案）申请书》。

2. 经营者身份证件复印件。

（1）申请登记为家庭经营的，提交居民户口簿或者结婚证复印件，同时提交参加经营的家庭成员身份证件复印件。

（2）香港特别行政区、澳门特别行政区经营者提交当地永久性居民身份证、特别行政区护照或者内地公安部门颁发的港澳居民居住证、内地出入境管理部门颁发的往来内地通行证复印件。

（3）台湾地区经营者提交大陆公安部门颁发的台湾地区居民居住证、大陆出入境管理部门颁发的台湾地区居民往来大陆通行证复印件。台湾地区农民提交农民身份有关证明，包括加入台湾地区农业组织证明或台湾地区农民健康保险证明或台湾地区农民老年津贴证明等。

3. 经营场所使用相关文件。

4. 法律、行政法规和国务院决定规定在登记前须报经批准的或申请登记的经营范围中有法律、行政法规和国务院决定规定须在登记前报经批准的项目，提交有关批准文件或者许可证件的复印件。

（二）审核

对申请材料进行审核，申请材料齐全、符合法定形式的予以确认并当场登记。不能当场登记的，应当在 3 个工作日内予以登记；情形复杂的，经登记机关负责人批准，可以再延长 3 个工作日。

申请材料不齐全或者不符合法定形式的，应当一次性告知申请人需要补正的材料。

（三）发照

申请人申请个体工商户设立登记，登记机关依法予以登记的，签发营业执照。营业执照签发日期为个体工商户的成立日期。申请人领取营业执照后，应在归档表上签字确认。

法律、行政法规或者国务院决定规定设立个体工商户须经批准的，应当在批准文件有效期内向登记机关申请登记。

（四）归档

建立个体工商户登记管理档案，应按照档案管理要求及时整理归档提交材料、审核材料、归档表等法定材料。对在登记、备案过程中形成的具有保存价值的文件依法分类，有序收集管理，推动档案电子化、影像化，提供个体工商户登记管理档案查询服务。

四、农民专业合作社登记工作流程

（一）受理

依照《农民专业合作社法》《市场主体登记管理条例》设立的农民专业合作社（联合社）申请设立登记需收取如下申请材料：

1. 《农民专业合作社登记（备案）申请书》。

2. 全体设立人签名、盖章的设立大会纪要。

3. 全体设立人签名、盖章的章程。

4. 法定代表人、理事的任职文件和身份证明。

5. 全体出资成员签名、盖章的出资清单。

6. 法定代表人签署的成员名册和成员主体资格文件或自然人身份证明复印件。

7. 住所使用相关文件。

8. 农民专业合作社申请登记的业务范围中有法律、行政法规或者国务院决定规定必须在登记前报经批准的项目，应当提交有关的许可证书或者批准文件复印件。

（二）审核

对申请材料进行形式审查，申请材料齐全、符合法定形式的予以确认并当场登记。不能当场登记的，应当在 3 个工作日内予以登记；情形复杂的，经登记机关负责人批准，可以再延长 3 个工作日。

申请材料不齐全或者不符合法定形式的，应当一次性告知申请人需要补正的材料。

（三）发照

申请人申请农民专业合作社设立登记，登记机关依法予以登记的，签发营业执照。营业执照签发日期为农民专业合作社的成立日期。申请人领取营业执照后，应在归档表上签字确认。

法律、行政法规或者国务院决定规定设立农民专业合作社须经批准的，应当在批准文件有效期内向登记机关申请登记。

（四）归档

建立农民专业合作社登记管理档案，应按照档案管理要求及时整理归档提交材料、审核材料、归档表等法定材料，对在登记、备案过程中形成的具有保存价值的文件依法分类，有序收集管理，推动档案电子化、影像化，提供农民专业合作社登记管理档案查询服务。

五、有关工作要求

（一）服务制度规范

1. 实行首问负责制。首位受理服务申请的工作人员为首办责任人。首办责任人应当依法履职，符合受理条件的应直接受理，不符合受理条件的应当场告知申请人，做到简单问题当场解答，疑难问题及时报告。

2. 实行"一次性"告知制。申请人到登记窗口办理登记注册业务或咨询有关事项时，窗口工作人员应一次了解清楚、一次告知相关的要求、条件和应提交的文件、证件，避免因情况不明或解释不清致使服务对象多跑路。

3. 实行时效承诺制。申请人所申请的事项提交的材料齐全且符合法定形式，工作人员应在承诺的时限内办结。

4. 实行政务公开制。在主要办公场合，以醒目的方式做到公开许可项目、公开许可条件、公开许可依据、公开办事流程、公开需提交的材料、公开办事时限等"六公开"，实行规范操作。

（二）业务流程规范

严格按照《市场主体登记管理条例》及《实施细则》《农民专业合作社法》等法律法规办理登记注册业务。执行全国统一的登记注册政策文件和规范，使用统一的登记材料、文书表格，以及省局统一的市场主体登记管理系统，推行网上办理等便捷方式，健全数据安全管理制度。优化登记办理流程，提供规范化、标准化、便利化的登记注册服务。

（三）服务纪律规范

1. 严格履行岗位职责，依法行政，不渎职懈怠；
2. 严格遵守考勤制度，遵纪守法，不迟到早退；
3. 严格遵守廉政规定，公正办事，不以权谋私。

六、系统操作

（一）系统登录

内网登录：从内网网址访问湖北省市场监督管理局内网门户，http：//192.0.97.142点击导航栏【三网一中心】，选择【智慧审批一张网】，进入一张网平台系统，选择【登记注册】，进入审批平台。

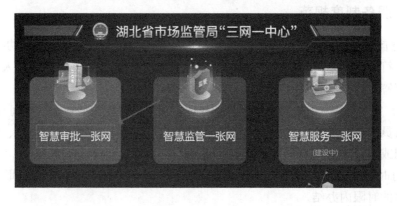

（二）主要功能

本系统用来指导基层工作人员受登记机关委托授权做好本辖区内市场主体的登记注册工作。可用于申报端提交设立登记、变更申请、注销登记、歇业申请，审批人在内网进行受理审批，确认申报人提交的信息是否符合相关规则，在湖北省市场监管专线上进行业务办理、业务审批、实名认证，实名认证完成后，在业务审批环节最终审核通过。对市场主体办理的所有业务档案进行档案采集与归档。所涉及的应用系统包括湖北省政务服务网及湖北省市场主体登记系统。

（三）操作流程

1. 个体工商户、个人独资企业、农民专业合作社受理审批

业务受理阶段：（1）设立登记进行名称查重（个体工商户不需要名称的无需此项操作），通过后选择管辖机关。变更登记核查变更项信息、确认变更前后信息是否一致。注销登记核查注销信息，歇业备案核查基本信息；（2）确认经营者、联络人、法定代表人、委托代理人、多证合一、证照分离等基本信息无误，网上预审材料，输入审批意见。

业务审批阶段：再次核查业务处理阶段信息，确认基本信息无误，审查通过转到实名认证页面，全程电子化办理网上实名认证，半程电子化办理可窗口认证，认证成功后再次点击"审查通过"，填写审批意见，提交后审核通过。

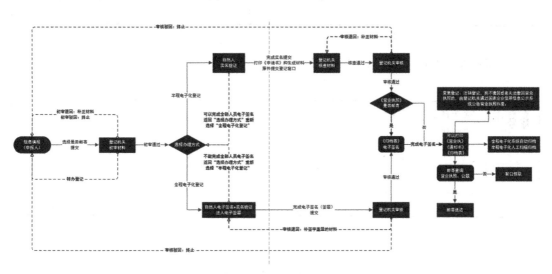

设立登记审批端流程图

2. 档案管理

（1）档案采集：可对未归档档案进行采集，采集完成后可转审核，修改业务日期，或者删除此条记录。（档案采集页面只会出现未归档档案）

（2）档案归档：对"转审核"档案进行审核，审核完成后可进行归档，或者退回采

集流程。

（四）工作台账

1. 市场监管所辖区企业台账

序号	统一社会信用代码	企业名称	法定代表人	成立日期	住所	联系方式	主体类别

2. 市场监管所辖区个体工商户台账

序号	注册号	统一社会信用代码	名称	经营者	主体类别	成立日期	住所	经营范围	核准日期	联系方式

3. 市场监管所辖区农民专业合作社台账

序号	统一社会信用代码	名称	法定代表人	成立日期	住所	联系方式	主体类别

七、设立条件

依据《市场监督管理所建设规范（暂行）》《市场监督管理所等级评定管理办法（试行）》等，市场监管所承担的工作任务包括办理市场准入相关事项。有关职责参照《中华人民共和国农民专业合作社法》《中华人民共和国市场主体登记管理条例》《促进个体工商户发展条例》《中华人民共和国市场主体登记管理条例实施细则》等。

八、基础保障条件

（一）人员配备。根据业务量，按比例配备登记岗位人员，要求服务意识强，能熟练掌握登记有关法律、法规和登记业务系统操作。

（二）办公场所。有相对独立的办公区域，设立服务窗口。

（三）软硬件设施。具备登记注册业务所需的网络条件，配备专用电脑、打印机等办公设施。

九、履职风险及防控措施

（一）履职风险

1. 滥用职权、玩忽职守进行登记的；
2. 超越委托权限进行登记的；
3. 违反法定程序进行登记的；
4. 对不具备申请资格或不符合法定条件的申请人进行登记的；
5. 对具备申请资格和符合法定条件的申请人不予登记的。

（二）防控措施

1. 明确岗位职责。制定登记注册工作流程和规范，规范登记行为。建立健全自查自纠、考评考核等制度，定期考核督查，按照"谁登记谁负责"的原则做好登记环节风险防控。

2. 实行政务公开。在主要办公场所，公开许可项目、公开许可条件、公开许可依据、公开办事流程、公开需提交的材料、公开办事时限等"六公开"，实行规范操作。

3. 强化业务学习。定期参加注册登记政策法规培训和廉洁教育学习。及时学习新颁布的法律法规，熟练掌握与运用登记有关的法律、法规。关注登记制度改革新动向、新政策。

4. 接受群众监督。设置举报电话、举报邮箱等并向群众公开，畅通监督举报渠道。统筹应用12345热线、湖北政务网"好差评"等途径，了解群众需求，接受群众监督。

第三章 "小个专"党建岗位履职规范

一、岗位职责

（一）管理党建信息。在登记注册、双随机抽查、评先评估环节同步开展党建工作，利用对市场主体回访和日常监管等方式，全面动态掌握辖区"小个专"、外卖配送员群体信息的变化情况，摸排新增"小个专"、外卖配送员群体党组织设立、党员人数等基本信息，收集、整理调查摸底信息，分类建立党建工作台账。

（二）指导党建工作。按照"强基础、抓规范、促发展"的工作思路，结合辖区实际，聚焦"小个专"、外卖配送员群体党建工作和发展难点，按照工作台账，从支部组建、制度完善、阵地建设、活动开展、作用发挥等方面实行一对一、一对多的派驻式、穿透式结对指导，有序推进党的组织覆盖、党建工作规范、党组织和党员作用发挥，实现有形覆盖向有效覆盖转变。

（三）开展发展服务。围绕"党建强、发展强"目标，结合市场监管职能，创新工作方式，大兴调查研究，了解"小个专"、外卖配送员群体当前面临的实际困难和问题，并帮助解决。结合"三亮"（亮身份、亮职责、亮承诺）活动、党建工作示范点创建等，培树一批特色红色"小个专"、外卖配送员群体先进典型。搭建活动载体，开展关心关爱活动，引导"小个专"、外卖配送员群体参与基层治理和行业治理。研究制定推动"小个专"、外卖配送员群体党建工作和经营发展的政策措施，支持帮助市场主体纾困解难、可持续发展，实现党建与"小个专"发展融合推进，相互促进。

二、工作任务

（一）采集核实报送辖区内"小个专"、外卖配送员群体党组织和党员信息，利用"小个专"、外卖配送员群体党建信息化工作平台动态管理，建立党建工作台账；

（二）在县级市场监管部门统筹下，配合街道社区推动辖区"小个专"、外卖配送员群体党组织组建，指导党建工作，开展党建调查等；

（三）向辖区"小个专"、外卖配送员群体宣传党的路线方针政策；

（四）引导辖区"小个专"、外卖配送员群体遵纪守法、诚信经营，参与基层治理和行业治理；

（五）支持辖区个私协会党组织直接管理一批"小个专"、外卖配送员群体党组织，加强党组织建设和党员教育管理等；

（六）加强引导和帮扶，强化商事登记、知识产权、广告、食品安全、药品、医疗器械、化妆品等政策指导，积极提供计量、标准、认证认可、检验检测等质量基础服务；

（七）帮助辖区"小个专"、外卖配送员群体解决党建工作和经营发展中的问题和困难；

（八）培育宣传辖区"小个专"、外卖配送员群体党建工作先进典型；

（九）组织开展针对"小个专"党建工作人员的服务对象评议、业绩考核，建立调整退出机制，持续优化队伍建设；

（十）完成上级交办的其他工作任务。

三、工作流程及工作要求

（一）工作流程

摸清辖区党建底数→推动党建工作全覆盖→推进党组织规范化建设→发挥党建引领作用→宣教培树典型。

（二）工作要求

1. 做好站点设置。"小个专"党建工作指导站（以下简称指导站）应悬挂"小微企业个体工商户专业市场党建工作指导站"标识。指导站的设立不改变辖区内"小个专"党组织的隶属关系。

2. 选优配强力量。坚持政治素质好、组织能力强、熟悉党务工作的标准，选优配强指导站工作人员，加强指导站工作人员业务培训，发挥个私协会基层组织作用，发动基层个私协会党员骨干到指导站报到，配合开展党建工作。

3. 完善工作规范。建立健全指导站工作制度，完善党建工作指导规范，明晰站长、党建联络（指导）员工作职责，建立党建工作台账制度，建立党建（指导）员评议、调整退出、调研统计和信息报送等制度或规范。

4. 强化工作宣传。要及时总结梳理"小个专"、外卖配送员群体党建工作，积极向上级部门报送工作成果。总结指导站工作经验做法，利用好各级媒体和宣传平台，广泛宣传工作中取得的成绩，营造知晓指导站、支持指导站、参与指导站工作的良好氛围。

四、系 统 操 作

（一）系统登录

通过湖北省市场主体"小个专"党建信息管理系统输入账号密码即可登录系统。登

录 网 址: http: //192.0.95.88: 9080/JGNLTS/meta/CommonData/public/XGZDJ ＿ NEW/login. ftl

（二）主要功能

本系统主要用于"小个专"和外卖配送员群体党建工作的台账管理、数据统计和上报以及工作交流。

适用对象为基层市场监管所（"小个专"党建工作指导站）小个专党建岗位的工作人员。

（三）操作指南

本系统主页面下包含了通讯录、组织架构、党建信息统计、业务交流、党建地图等页签。

1. 通讯录

可以查阅市场监管所人员名单，人员信息（联系方式、职务、岗位、人员等）发生变动时，可及时进行增加、修改或者删除。

2. 组织架构

通过图形和层级结构，展示组织内不同部门、岗位之间的关系。具体可分为"小个专"党建工作领导小组和行业党委。

3. 党建信息统计

可建立辖区内"小个专"和外卖配送员党建工作台账，完善、上报直接管理党组织的党员信息。对于党组织、党员等信息有变动的，可以及时进行增加、修改或者删除。

4. 业务交流

在搜索框内输入所需要的资料标题、资料名称、资料类别等查询字段，即可查阅、预览和下载"小个专"党建工作相关的政策文件。此外,还可发帖、评论、回复进行工作交流。

5. 党建地图

按照党组织的属性,分类呈现所辖党组织、党员的相关情况,例如按地域可以显示当前地区"小个专"及外卖送餐统计情况。还可通过条形图、饼图等方式,呈现各种类型的指标统计情况。

五、设 立 条 件

依据《市场监督管理所建设规范(暂行)》《市场监督管理所等级评定管理办法(试行)》等,市场监管所可成立党建工作指导站,配合地方党委组织部门指导小微企业、个体工商户、专业市场党建工作。县级市场监管部门统筹谋划,推动市场监管所"小个专"党建工作指导站全覆盖。

六、基础保障条件

(一)场所保障。指导站应当有固定办公场所,且符合有场所、有设施、有标志、有党旗、有书报、有制度的"六有"标准。

(二)经费保障。指导站工作经费应纳入市场监管所经费保障之中。

(三)人员保障。指导站站长一般由市场监管所党支部书记或主要负责人兼任。辖区"小个专"、外卖配送员群体较多的指导站,可设副站长,协助站长开展工作。指导站内设置党建联络(指导)员若干名,由市场监管所、个私协会党组织中的党员担任,有条件的可聘请辖区内具有党建工作经验的党员或退休的党员干部作为党建联络(指导)员。指导站原则上除站长外,专(兼)职人员不应少于1名。

七、履职风险及防控措施

风险点一:党建联络(指导)员选拔不规范。

防范措施:严格按照政治素质好,具有较强的事业心和责任感;熟悉、热爱党务工作,具有岗位所需的履职能力;严于律己、勤政务实,具有严谨的工作作风的要求,选派党建联络(指导)员。对党建联络(指导)员实施岗前培训,实行资格准入。

风险点二:工作不作为或越位错位,干扰企业正常生产经营。

防范措施:明确指导站工作职责边界,加大工作人员廉洁教育。对不履行或不正确履行职责,要依规依纪依法严肃问责。对表现形式典型、引发舆论关注、造成不良影响的突出问题,要通报曝光。

第四章 食品安全监管岗位履职规范

一、岗 位 职 责

（一）日常监管

防范食品安全风险，对辖区内食品生产、食品销售、餐饮服务单位等生产经营主体开展日常监督检查等工作；按照上级部署或属地工作安排，开展专项监督检查、联合检查、"双随机一公开"等工作；协助、配合上级市场监督管理部门在本辖区内开展监督检查；协助执法以及村（社区）、农村集体聚餐（宴席）等各类重大活动保障等。督促食品生产经营者落实食品安全主体责任。

（二）食品抽检

独立或者协助开展食品安全监督抽检，协助配合对抽检不合格食品进行处置，重点组织开展食品安全快检。

（三）投诉举报处理

受理、接收和处置辖区内食品安全问题投诉与举报。

（四）履行乡镇（街道）食安办职能

建立健全食安办日常工作机制，健全完善食品安全议事协调机构、强化食品安全监管协调配合，建立突发事件应对保障机制，建立工作保障机制，加强对食品安全相关部门和村（社区）开展食品安全工作考核。

（五）食品安全宣传教育

开展食品安全法律法规、科普知识、反食品浪费等宣传教育。

二、工 作 任 务

（一）掌握辖区内食品安全风险隐患，并采取有效措施进行排查防控，建立区域性食品安全风险清单、措施清单和责任清单。

（二）负责辖区内食品生产、流通、餐饮服务的日常监督检查和专项监管，并通过"鄂食安"平台上传监督检查信息。

（三）负责辖区内食品监督抽样和快速检测工作。配合完成食品安全抽检计划的制定与实施，参与开展食品安全抽检和抽检不合格食品核查处置工作；配合承担各级食品抽检任务的食品承检机构开展抽检工作，参与食用农产品、校园食品等食品抽检工作；参与食品安全"你点鄂检"工作。

（四）负责区域内重大活动食品安全保障工作。

（五）负责辖区内食品监管对象基本情况和监管资料的建档工作。

（六）负责指导、督促食品生产经营企业按照总局《企业落实食品安全主体责任监督管理规定》制定食品安全风险管控清单，开展食品安全日管控、周排查、月调度。

（七）参与食品安全宣传周活动，对社会公众、辖区居民、监管对象普及食品安全法律法规、科普知识、反食品浪费政策等食品安全相关内容。

（八）负责上报区域内食品安全监管工作数据和资料。

三、工作流程及工作要求

（一）监督检查工作流程及要求

1. 工作流程：确定风险等级-确定监管频次-制定检查计划-开展日常检查-检查结果处理-企业整改后回头看（形成闭环）。检查结束后，检查人员应及时整理检查和整改回头看中的相关材料，一并归入检查对象食品安全档案。同时将监督检查有关信息录入信息系统。

2. 工作要求：按照总局发布的《食品生产经营监督检查管理办法》的规定和检查要点要求开展监督检查；按照总局发布的《食品安全抽样检验管理办法》的规定开展食品安全抽样检验工作；按照《中华人民共和国食品安全法》等法律法规及上级领导相关要求对辖区内的食品生产经营者开展食品安全知识培训等。

（二）食品安全监督抽检工作流程及要求

1. 辖区内抽检食用农产品时，应当不少于2名监管人员现场参与抽样。可采用执法记录仪等音像记录形式对抽样过程进行记录。

2. 参与现场抽样的监管人员应检查食用农产品销售者是否有进货查验记录等。食用农产品销售者无法提供进货查验记录、合法进货凭证或产品合法来源的，监管人员应依法予以查处。

3. 监管人员、抽样人员及食用农产品销售者，应当在抽样文书上共同签字或盖章。

4. 校园食品、农村食品等按市场监管总局规定抽样需有监管人员陪同的，市场监管所应做好配合工作。

5. 按照上级工作安排，配合做好食品安全"你点鄂检"工作。

6. 对抽检不合格食品的生产经营者，应按照"五个到位"要求做好核查处置工作。

四、系 统 操 作

（一）系统登录

1. 内网登录。从内网网址 http：//192.0.97.142 登录湖北省市场监督管理局内网门户，点击导航栏【三网一中心】，点击【智慧监管一张网】，进入一张网平台系统，在列表中点击【食品安全监管】进入平台。

2. 外网登录。由外网网址 https：//hbsj.gssjy.com：48080/hbzhscjg/登录进入一张网平台系统，在列表中点击【食品安全监管】进入平台。

(二) 主要功能

食品安全监管应用系统包括智慧市场监管一张网中的食品安全监管模块和湖北智慧市场监管微信小程序中的食品安全监管模块，用以指导开展食品企业的日常监督检查、专项任务监督检查、扫码监管检查以及食品企业检查不合格整改后的处理等工作。一是运用"智慧监管一张网"食品安全监管平台（"鄂食安"平台）开展监督检查、责令整改、风险分级、食品安全快检数据录入、重点工作填报等工作。二是督促辖区内食品生产经营主体运用"鄂食安"平台上传人员配备情况、符合企业实际的食品安全风险管控清单以及"日管控、周排查、月调度"食品安全风险隐患管理等情况。

(三) 操作流程

1. 现场检查

检查人员利用湖北智慧市场监管微信小程序选择相应的业务模块，搜索企业或现场扫码，核对企业信息，根据清单逐项进行检查。检查完成后由企业负责人和检查人员签字确认，生成检查记录 PDF 文件，提交检查结果。

特殊情况处理：1. 现场扫码监管无法搜索，可联系工程师通过提供企业数据从后台导入进行监管。2. 拒检、停业无法检查、查无下落等，拍照取证，说明情况或选择相应的检查结果。

2. 监管操作

电脑端：系统首页选择相应的监管类别，明确检查对象清单，根据实际情况进行现场检查，录入结果，上传检查记录表附件，完成检查反馈，保存并上传后系统自动生成检查电子文书，并可以根据检查处理措施灵活确定下一步操作。

小程序：在【湖北智慧市场监管】小程序【我的任务】中筛选监管类别，或通过发起现场检查的方式进行扫码监管，查看对应企业的任务清单，确定检查类型和检查事项，进行现场检查，填写检查反馈并保存，点击【执法文书】预览电子文书，并且对文书进行了签字或者上传了文书照片，检查完成。

3. 责令整改

通过电脑端首页【责令整改】页面、小程序首页【辖区内待整改】的【责令整改】上传整改报告，监管人员进行整改审核，做出完成、复查、退回的处理决定，整改复查需对问题点逐个审核，全部已整改后默认整改完成，整改退回需重新上传整改报告。

4. 主体责任落实情况统计

鄂食安系统【主体责任落实】页面切换业务环节（食品生产、食品流通、餐饮服务），选择主体类型、主体业态等相应条件，筛选出符合条件的生成经营者。

图 1　主体责任落实页面

（四）监管台账

登录"智慧监管一张网"食品安全监管平台（"鄂食安"平台），点击"信息查询"，选择"查询对象类型""经济户口类型""管理机关"，点击"检索""导出"可导出食品安全监管有关工作台账。

根据日常监管工作需要，市场监管所整理制作有关工作台账，如餐饮单位检查记录及台账、食品经营检查记录及台账、食品生产企业检查记录及台账、食品小作坊检查记录及台账和辖区学校、幼儿园食堂台账等。示例如下。

1. 市场监管所辖区餐饮市场主体台账

序号	统一社会信用代码	主体名称	经营状态	法定代表人	许可证编号	注册号	住所	经营范围	联系方式

2. 市场监管所辖区食品生产经营主体台账

主体名称	统一社会信用代码	经营状态	法定代表人	许可证编号	许可发证日期	食品类别	最新风险等级	累计已检查次数	今年已检查次数	今年应检查次数	管辖机关	生产地址	成立日期	联系人姓名	联系方式

3. 市场监管所辖区食品销售经营主体台账

序号	统一社会信用代码	主体名称	经营状态	法定代表人	许可证编号	注册号	住所	经营范围	联系方式

4. 市场监管所辖区食品小作坊经营主体台账

序号	统一社会信用代码	主体名称	经营状态	法定代表人	许可证编号	注册号	住所	经营范围	联系方式

5. 市场监管所辖区食品经营户检查记录台账

序号	统一社会信用代码	主体名称	法定代表人	许可证编号	住所	检查结果	处理措施	检查人	检查时间

6. 市场监管所辖区农村聚餐和流动餐馆监管台账

序号	餐饮店名称	经营者	经营地址	联系电话

7. 市场监管所食品安全快检台账

序号	日期	被检单位	检测单位	样品	检测项目	标准	检测值	检测员	结果

8. 市场监管所网络平台餐饮服务单位台账

序号	单位名称	统一社会信用代码	食品经营许可证编号	经营负责人	联系电话	经营地址	主体业态	从业人数	有效健康证数	经营项目	入网平台	监管责任人	备注

五、设立条件

（一）职能职责设置。根据《中共中央 国务院关于深化改革加强食品安全工作的意见》，县级市场监管部门及其在乡镇（街道）的派出机构，要以食品安全为首要职责。《市场监督管理所建设规范（暂行）》《市场监督管理所等级评定管理办法（试行）》等明确，市场监管所承担食品生产经营安全等工作。

（二）人员专业背景。市场监管所食品安全岗位应聘者需要具备相关的专业背景，例如食品科学、食品安全管理等相关专业的本科或以上学历。

（三）应具备的专业技能。熟悉食品安全相关的法律法规，包括食品安全法、食品安全标准等，了解食品生产、流通和餐饮环节的基本特点，熟悉常见的食品安全隐患和风险，并能够采取相应的措施进行监管和处理，同时具备食品抽检和检测技能、食品安全事件调查和处理技能、风险评估和预警能力等。按照市场监管总局《关于加强食品检查队伍专业化职业化建设的指导意见》（国市监人〔2019〕73号）、《省市场监管局办公室关于建立食品检查员培训考核制度的通知》（鄂市监办人〔2022〕57号）等要求，经过培训考试取得食品安全检查员证书。

（四）具备良好的沟通与协调能力。具备与食品生产经营者、消费者等各方进行有效沟通与协调的能力，能够清晰表达监管要求和政策，保障食品安全监管工作顺利开展。

六、基础保障条件

（一）有独立的工作场所，配备执法用车、执法装备等。

（二）设立的食品安全快检室，配备技术人员。

七、履职风险及防控措施

（一）岗位风险及防控措施

1. 岗位风险

（1）上级下达的食品安全监督检查计划是否100%完成，上级部署的专项监督检查任务是否完成，接到的问题线索是否及时依法处理。

（2）检查发现存在违法违规行为后，是否及时移交执法机构查处；发现存在风险隐患后，是否督促企业100%整改到位；需要属地政府和有关部门支持、配合时，是否及时向所属上级部门报告。

（3）接到食品安全事故报告后，是否进行核实并及时向所属上级部门报告，是否按要求配合开展事故应急处置与救援工作。

2. 防控措施

（1）按要求完成上级部门下达的食品安全监督检查计划，落实上级部门部署的专项监督检查任务，配合上级部门开展证后监督检查，及时依法处理接到的问题线索。

（2）检查发现存在违法行为时，及时移交执法机构查处，发现存在事故隐患时，督促企业100%整改到位；需要属地政府和有关部门支持、配合时，及时向所属上级部门报告。

（3）接到食品安全事故报告后，及时进行核实并及时向所属上级部门报告，按要求配合开展事故应急处置与救援工作。

（二）食品安全风险及防控措施

1. 食品生产环节

风险点：部分食品生产者存在原料进货查验不规范、车间环境不达标、防鼠防虫防蝇等三防措施不到位、超范围超限量使用食品添加剂、产品标签标识不规范等方面的问题。

防控措施：摸清风险点，食品安全风险清单、措施清单和责任清单，按照风险等级确定监管频次，聚焦重点问题，全力防范化解风险。加强源头防控、重点防控，深入开展全链条、全过程的专项排查整治行动，规范企业主体行为，坚决遏制可能造成重大安全事故、舆情事故的风险隐患。

2. 食品流通环节

风险点：重点区域、重点环节和重点品种的食品安全存在隐患，主体责任落实不到位，流通食品追溯体系不完善，监管力量覆盖不足。

防控措施：推进食品流通风险分级认定，强化日常检查，加强进货查验，开展专项整治和宣传培训。

3. 餐饮环节

风险点：城乡接合部、农村地区、旅游景区及其周边餐饮服务单位存在食品安全隐患易导致食品安全事故发生。农村集体聚餐、自采自食野生蘑菇等存在食品安全风险隐患。山区、景区"农家乐"未纳入监管范围风险。

防控措施：加强食品安全日常巡查、专项整治，强化农村集体聚餐申报备案管理，大力开展预防野生蘑菇中毒宣教活动。

（三）二维码视频案例示范

1. 食品生产单位日常监督教学片（周黑鸭）

2. 食品流通单位日常监督检查教学片（标准超市）

3. 餐饮服务单位日常监督检查教学片（小吃店）

4. 重大活动食品安全保障工作教学片（重大活动食品安全保障）

第五章　工业产品质量安全监管岗位履职规范

一、岗位职责

负责对本辖区内经营主体生产、销售的工业产品质量开展监督管理，依法对生产、销售不合格工业产品经营主体的质量违法行为实施行政处罚。

二、工作任务

（一）对辖区内工业产品生产、销售经营主体开展日常监督检查和"双随机、一公开"监督检查工作，依法查处违法违规行为。

（二）开展重点工业产品专项整治工作。

（三）配合上级部门完成产品质量监督抽查任务，承担监督抽查的不合格产品后处理工作。

（四）负责处理辖区内工业产品质量安全举报投诉工作。

（五）通过加强宣传、教育、培训等方式，督促重点生产经营单位、监管对象落实安全主体责任。

（六）完成上级交办的其他工作。

三、工作流程及工作要求

（一）工作要求

1. 建立辖区内生产、销售工业产品经营主体台账，实行动态监管。

2. 建立辖区内违法违规经营主体台账，实行分类监管和信用监管。

3. 开展重点工业产品专项整治，实行重点监管。

4. 严格产品质量监督抽查和后处理工作程序，实行靶向性监督。

5. 全面应用产品质量监督信息系统，及时完整准确录入工作内容，实行智慧监管。

（二）工作流程

1. 日常监督检查流程：

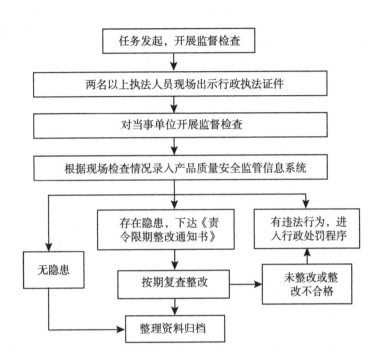

2. 产品质量监督抽查流程：

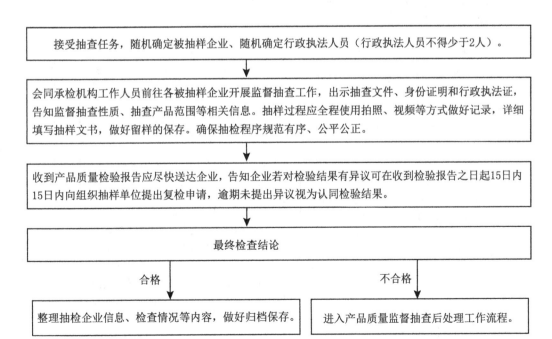

3. 质量违法行政处罚流程：

```
┌─────────────────────────────────────────────────────────────────┐
│  案件来源（监督检查、监督抽查、投诉举报、其他部门移送、上级交办等）  │
└─────────────────────────────────────────────────────────────────┘
```

受案机构在 15 个工作日内对案件情况进行核查，市场监督管理部门负责人决定是否立案。特殊情况下，经批准可再延长15个工作日，法律、法规、规章另有规定的除外（检测、检验、检疫、鉴定以及权利人辨认或者鉴别等所需时间不计入）

准予立案的，受案机构负责人指定 2 名以上办案人员负责立案调查，执法过程中应向当事人或有关人员主动出示执法证件，5 个工作日内告知实名举报人。

不予立案的，有处理权限的市场监督管理部门于5个工作日内将决定告知实名举报人。

办案机构调查取证，依法采取登记保存或查封、扣押等行政强制措施；案件调查终结后，撰写案件调查终结报告，连同案件材料，交由市场监督管理部门审核机构进行法制审核或案件审核。

终止调查

审核机构在十个工作日内完成（特殊情况可以延长）案件审核或法制审核，提出书面意见、建议或建议补充调查；办案机构报部门负责人批准行政处罚或者审查决定给予其他行政处理（直接关系当事人或者第三人重大权益，经过听证程序的，在听证程序结束后进行法制审核。）

违法事实清楚，拟决定予以行政处罚

有依法不予行政处罚的情形的，不予行政处罚

发现立案查处的案件不属于本部门管辖或需追究刑事责任的，决定移送相关部门

办案机构将案卷移交相关部门

处罚告知：书面告知当事人拟作出行政处罚的内容及事实，理由、依据，同时告知当事人享有陈述、申辩权。
听证告知：属于听证范围的还应告知当事人有要求听证的权利。

听证
（自告知书送达之日起5 个工作日内提出申请）当事人要求举行听证的，审核机构组织听证会，听取当事人陈述、申诉，制作听证报告；当事人的陈述、申辩或者听证会的陈述理由成立的，改变原拟作出的处罚决定

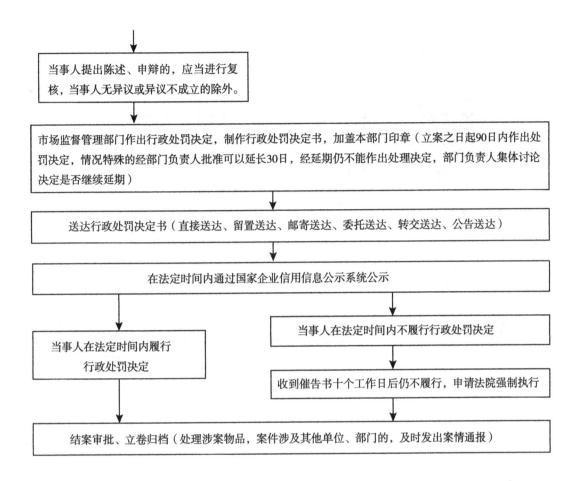

当事人提出陈述、申辩的，应当进行复核，当事人无异议或异议不成立的除外。

市场监督管理部门作出行政处罚决定，制作行政处罚决定书，加盖本部门印章（立案之日起90日内作出处罚决定，情况特殊的经部门负责人批准可以延长30日，经延期仍不能作出处理决定，部门负责人集体讨论决定是否继续延期）

送达行政处罚决定书（直接送达、留置送达、邮寄送达、委托送达、转交送达、公告送达）

在法定时间内通过国家企业信用信息公示系统公示

当事人在法定时间内履行行政处罚决定

当事人在法定时间内不履行行政处罚决定

收到催告书十个工作日后仍不履行，申请法院强制执行

结案审批、立卷归档（处理涉案物品，案件涉及其他单位、部门的，及时发出案情通报）

四、系统操作

（一）系统登录

1. 微信小程序：在微信小程序界面搜索"湖北智慧市场监管"，点击后进入微信小程序登录界面，选择"我是监管人员"，输入手机号和短信验证码后进入系统。如无法登录，核实注册微信所用手机号与 OA 系统手机号是否一致。

2. 网络端访问：从内网网址 http://192.0.97.142 登录湖北省市场监督管理局内网门户，点击导航栏【三网一中心】，点击【智慧监管一张网】，进入一张网平台系统，点击【产品质量监管】页签，进入产品质量监督管理信息系统。

（二）主要功能

工业产品质量监管系统便于指导基层工作人员开展产品质量监督管理中的日常监督检查、"双随机、一公开"监督检查、重点工业产品专项整治以及产品质量监督抽查不合格

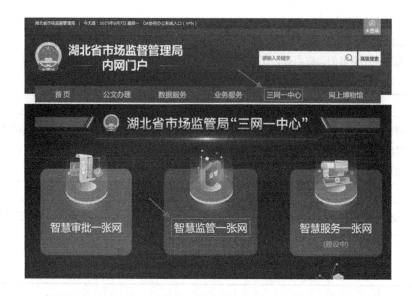

整改后处理等工作。

工业产品质量监管系统包括智慧市场监管一张网中的产品质量监管模块和湖北智慧市场监管微信小程序中的产品质量监管模块。

(三）操作指南

产品质量监督管理包括日常监督检查、"双随机、一公开"监督检查、重点工业产品专项整治以及产品质量监督抽查不合格整改后处理等工作。

1. 基层市场监管所监督检查的类型有日常监督检查、证后监督检查、"工品查"三种。较为常见的任务为日常监督检查和"工品查"。

2. 监管人员按照上级部门发起的专项监督检查任务（含"工品查"）、证后监督检查任务或本级直接临时发起日常监督检查任务到经营主体开展检查。

3. 监管人员到经营主体检查开始前检查手机移动设备，确保正常连接网络。

4. 扫描或搜索进入检查。监管人员登录 App 小程序账号后，直接扫描经营主体营业执照二维码或搜索经营主体名称，界面出现待检查的经营主体信息后点击"下一步"后按提示开始进行检查。

5. 拍照或视频取证上传。监管人员按页面提示对单位外观、单位营业执照、生产许可证证书（必要时）、CCC 认证证书（必要时）、单位人员证件照、检查人员与企业陪同人员合照、生产企业车间等进行现场拍照上传，或者检查时先拍好图片，在图库中选择对应的图片上传。必要时监管人员可以拍摄监督检查视频上传。

6. 监督检查结果确认。照片或视频上传完成后，监管人员按流程点击"下一步"，对每个监督事项进行检查，确认"合格、不合格、或不适用"后进行勾选。

7. 专项监督检查"标签确认"。所有检查事项完成后，点击"下一步"，确认检查最终结果"合格"或"不合格"后，在任务标签档中选择分类，如消防产品专项监督检查、农资产品专项检查等，点击完成。

8. 检查结果签字上传。经营主体负责人、监管人员在对应的菜单界面上签署意见和签名后，生成检查记录，点击"预览"，确认每项检查及检查结果无误后，转发至电脑打印，然后上传系统。

9. 不合格后处理。对于监督检查不合格的经营主体，在"后处理"菜单提交后，开展后处理，整改合格后，形成监管闭环。

（四）监管台账

1. 市场监管所辖区工业产品生产企业台账

序号	统一社会信用代码	主体名称	法定代表人	联系方式	住所	产品类别	证书编号	发证日期	有效期至	风险分级

2. 市场监管所辖区实施工业品生产许可证管理的经营主体台账

序号	统一社会信用代码	主体名称	法定代表人	企业类型	经营范围（涉及产品）	地址	联系人	联系方式	生产/销售	分级类别（ABCD）

3. 市场监管所辖区工业产品企业检查记录台账

序号	统一社会信用代码	主体名称	法定代表人	行业名称	住所	检查项目	检查时间	检查结果	处理措施	检查人

五、设 立 条 件

依据《市场监督管理所建设规范（暂行）》《市场监督管理所等级评定管理办法（试行）》等，市场监管所承担产品质量安全监督管理相关工作。辖区内存在生产、销售工业产品经营主体的，可按照县级市场监管部门分工设立有关岗位。

六、基础保障条件

办公场所及办公设备。

七、履职风险及防控措施

（一）履职风险

1. 工业产品监督检查计划及"双随机、一公开"监督检查工作是否100%完成，发现问题隐患是否100%整改到位。

2. 工业产品质量举报投诉问题是否及时处理,消费者合理诉求是否得到解决。

3. 工业产品相关专项整治是否100%落实到位,发现问题隐患是否100%整改到位。

4. 对辖区内工业产品质量舆情处置是否及时得当,是否造成重大不良影响。

5. 是否发生因执法行为引起当事人行政复议、诉讼且败诉或被依法撤诉事件。

6. 执法人员是否有滥用职权、贪污受贿、徇私舞弊、玩忽职守或不作为、乱作为等行为。

(二) 防控措施

1. 加强业务培训,提高基层执法人员履职能力,确保产品质量安全监管问题能发现、定性准、处理适当;

2. 日常监管台账翔实,确保监管对象底数清、情况明;

3. 按时完成上级布置的专项整治和监督抽查任务;

4. 严格依法行政,遵守程序,不越位、不缺位。

(三) 二维码视频案例示范

1. 工业产品经营主体日常监管教学片

2. 产品质量监督抽查工作流程教学片

3. 重点工业产品专项行动工作流程教学片

第六章　特种设备安全监管岗位履职规范

一、岗 位 职 责

（一）负责本所辖区特种设备安全的监督管理工作。

（二）负责本所辖区特种设备法律、法规、方针政策及安全知识的宣传贯彻工作。

（三）负责落实上级市场监管部门依法开展的特种设备年度常规监督检查、专项监督检查和其他监督检查等工作，并处置检查中发现的问题。

（四）参加本所辖区内大型活动特种设备安全保障工作和特种设备事故应急处置工作。

（五）负责本所辖区内涉及特种设备使用单位（含气瓶充装单位）的投诉、举报等工作。

（六）负责辖区内特种设备安全宣传教育工作。

（七）负责特种设备安全监察平台上相关数据维护工作。

（八）负责组织完成上级下达的年度特种设备安全监察与节能监管目标任务和其他交办工作。

二、工 作 任 务

（一）加强日常监管，创新监管方式。建立健全以"双随机、一公开"监管和智慧监管系统为基本手段、以重点监管为补充、以信用监管为基础的新型监管机制，实现线上线下一体化监管。

（二）认真开展各类监督检查计划。对本辖区的年度常规监督检查计划的特种设备使用单位应实现每年至少检查一次，并运用智慧监管系统执行检查计划；对于本辖区的专项监督检查和其他监督检查计划应按照上级要求开展。

（三）组织推进企业安全主体责任落实。通过加强宣传、教育、培训等方式，督促重点生产经营单位、监管对象落实安全主体责任。主要从"三落实"（落实管理机构、落实责任人员、落实规章制度），"两有证"（设备使用登记证、作业人员上岗证），"一检验"（设备依法检验），"一预案"（建立事故应急预案），"一演练"（定期开展应急演练）等方面指导企业通过标准化建设有效落实安全主体责任。

三、工作流程及工作要求

（一）检查前的准备工作

1. 检查人员须携带的装备及文书：手持执法终端、执法记录仪、执法证件、执法文书、安全防护装备。

2. 在智慧监管系统查询被检查单位的基本情况。

（二）出示证件

1. 两名以上持有有效的特种设备安全行政执法证件的人员参加，如执法人员持有综合行政执法证件，则应当保证至少有 1 名取得特种设备安全监察员证。

2. 根据需要可以委托相关具有公益类事业单位法人资格的特种设备检验机构提供监督检查的技术支持和服务，或者邀请相关专业技术人员参加监督检查。

（三）说明来意

检查人员向被检查单位说明检查的任务来源、依据、内容、要求等。

（四）现场检查

检查人员实施监督检查时，应当遵守相关的安全管理要求，保证自身安全。检查人员有权行使《特种设备安全法》第六十一条规定的职权。检查可采取的方式有：

1. 听取报告：听取单位负责人或安全管理人员有关特种设备安全管理工作的报告；

2. 查阅台账：按《特种设备使用单位常规监督检查项目表》（安全管理）逐项自评和检查；

3. 抽查设备：一家使用单位每类特种设备至少抽查 1 台（套）；

4. 对照检查：现场检查是否存在未纳入监管的目录范围内设备。

（五）做出记录

1. 按照《特种设备使用单位常规监督检查项目表》不同设备类型执行检查，填写相应的设备检查项目表；现场检查时可根据工作需要增加相应的检查项目和内容。

2. 现场填写《特种设备安全监督检查记录表》，与被检单位参加人员交换意见；发现被检查单位违反特种设备法律、法规、规章和安全技术规范要求的行为或者特种设备存在事故隐患时，检查人员应当依法下达《特种设备安全监察指令书》，责令被检查单位限期采取措施予以改正或者消除事故隐患，双方在检查记录或监察指令上签字。检查人员将现场检查情况录入省局智慧监管系统。

3. 被检查单位拒绝签收特种设备安全监察指令的，按照市场监督管理送达行政执法文书的有关规定执行，情节严重的，按照拒不执行特种设备安全监察指令予以处理。

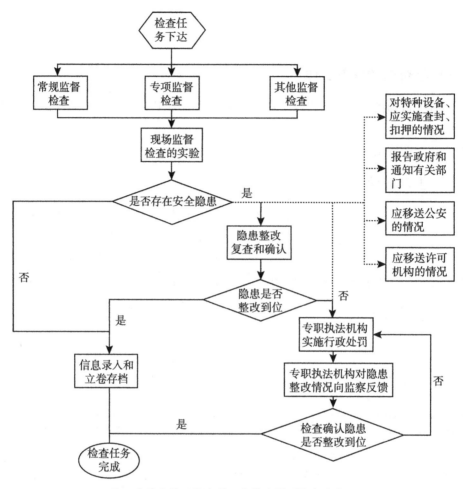

注：实线表示正常流程，虚线表示可能发生流程

特种设备安全现场监督检查流程图

（六）工作要求

1. 优化监管方式。工作人员每日登录智慧监管系统，查看辖区设备运行情况，督促超期未检、检验不合格和未注册特种设备的隐患整改，根据系统设备信息完善特种设备安全风险分级管控和隐患排查治理双重预防工作。

2. 强化闭环管理。检查人员下达监察指令后，应持续跟踪督促被检查单位在规定时间内予以改正，消除安全隐患，并提交整改报告；检查人员在收到整改报告后十个工作日内，对整改情况进行复查，复查可以通过现场检查、材料核查等方式实施。

3. 压实企业责任。检查人员应督促被检查单位严格落实安全主体责任，要求被检查单位参照《湖北省特种设备使用（含充装）单位安全职责清单指引（试行）》等三项清单指引完善安全管理制度，同时按期开展自查自纠。

四、系统操作

（一）系统登录

1. 微信小程序：在微信小程序界面搜索"湖北智慧市场监管"，点击后进入微信小程序登录界面，选择"我是监管人员"，输入手机号和短信验证码后进入系统。如无法登录，核实注册微信所用手机号与 OA 系统手机号是否一致。

2. 网络端访问：从内网网址 http：//192.0.97.142 登录湖北省市场监督管理局内网门户，点击导航栏【三网一中心】，点击【智慧监管一张网】，进入一张网平台系统，点击【特种设备监察】，进入特种设备安全检查系统（请使用 chrome 浏览器）。

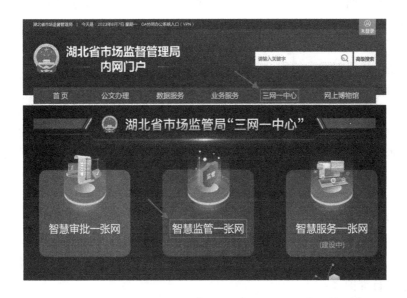

（二）主要功能

特种设备安全检查系统便于指导基层工作人员开展特种设备监督管理中特种设备安全的监督管理、负责落实市场监管局依法开展的特种设备年度常规监督检查、专项监督检查和其他监督检查等工作，并处置检查中发现的问题。包括智慧市场监管一张网中的特种设备模块和湖北智慧市场监管微信小程序中的特种设备监管模块。

（三）操作指南

1. 现场检查

常规监督检查是由市级（含直辖市的区、县，下同）市场监管部门负责制定年度常规监督检查计划，确定辖区内市场监管部门任务分工，并分级负责实施。

在小程序中选择监督检查类型领取任务，点击【现场检查】、填写【安全/设备管理检查项】开展现场检查。若检查存在问题，小程序自动生成监察指令书推送企业，整改完成后闭环完成检查。

2. 业务数据核查（监管端）

监管人员登录监察 PC 端后，进入【监察设备】模块【登记使用设备】-全部菜单，通过查询可了解本机构数据核查的情况。

3. 设备信息调整

监察设备模块可对登记使用设备、违规使用设备、检验不合格设备、超期未检设备进行相应的设备信息管理与修改，亦可批量修改设备关键信息。

点击【监察设备】模块，在【登记使用设备】、【违规使用设备】及【超期未检设备】菜单下进行设备信息调整。点击【企业设备】模块，在【企业设备核查】菜单下使用批量修改菜单批量修改设备使用地点、管理机构、（电梯）楼盘小区及维保单位信息。

4. 企业信息管理、统计及综合查询

在生产单位模块中新增生产单位信息，在单位信息详情页面修改相关信息。

在【企业主体】责任模块中点击企业主体责任统计或综合查询菜单查看使用单位和生产单位的人员设置情况及单位责任统计明细；在【单位管理】下的单位信息管理页面对单位信息进行维护。

5. 指导落实企业主体责任

企业主体责任包括企业设备核查、风险等级评估、企业制度、隐患自查等。

（1）设备核查

为了规范企业单位特种设备安全管理，要求企业单位对自己单位的特种设备进行核查，要求核实清楚单位的设备台套数（气瓶和管道不在核查范围内）。

企业单位利用企业设备管理功能选择全部设备进行查看。发现系统中台套设备信息与实际不符的，及时与监管机构核实、修正及完善。

（2）风险等级评估

设备风险等级评估功能分为风险等级评估上报及风险告知卡打印。

评估上报：企业单位通过【企业设备】下的设备档案管理选择需风险等级评估上报的设备，点击风险等级、勾选信息，提交检查机构审核。

告知卡打印：企业单位在【使用单位-单位风险源管理】中完整填写相关信息；在

【企业设备管理】的设备详情页中选择风险告知卡进行打印。

（3）企业制度

根据单位实际，落实自查要求，建立健全"日管控、周排查、月调度"工作机制，已经建立类似工作制度的，可以将原有的工作制度与"日管控、周排查、月调度"工作机制相结合继续执行。

进入单位首页【培训资料】下载标准模板，亦可点击【我的工作台-培训资料】选择对应资料查看。

（4）隐患自查

企业隐患自查功能包括人员任命、用户绑定及自查机制。

人员任命：登录网址 https：//scjg. hubei. gov. cn/hbzhscjg/login，在【统一身份认证】中添加用户，在小程序中绑定微信；在【单位管理】的【企业人员】模块中新增人员信息。

用户绑定：在【单位管理】的【企业人员】模块中添加、解绑设备。

自查机制：企业端【单位管理】的【企业自查】中查看、修改"日管控、周排查、月调度"执行情况；小程序端点击【企业自查】，在"日管控、周排查、月调度"的对应模块中填写、汇报、反馈相关执行情况。

（四）监管台账

登录湖北省智慧监管一张网平台，进入湖北省特种设备安全监察系统，点击"企业设备"，选择"企业设备导出"下的"登记表一"，可查看辖区全部特种设备，点击网页右上角"导出 EXCEL"即可导出 excel 表格。统计辖区内企业及其特种设备种类、数量和状态，将企业按风险等级 D 级至 A 级排序，添加档案编号，制作市场监管所特种设备台账。

参考样表如下：

1. 市场监管所特种设备登记台账

序号	统一社会信用代码	产权单位	法定代表人	安全员	设备种类	设备登记日期	使用证编号	联系方式	备注

2. 市场监管所辖区特种设备日常监管台账

类别	单位名称	联系人	联系电话	锅炉	电梯	压力容器	压管（米）	起重机械	厂车	登记证	检查时间	发现隐患	处置结果

3. 特种设备使用登记台账

序号	设备种类	单位	单位内编号	设备代码	特检设备号	产品出厂编号	发证日期	登记证编号	下次外检日期	下次内检日期	设备名称	设备型号	安全阀检验	设备类别	设备品种	其他	制造商	制造日期	投用日期	告知日期	备注	检验日期

4. 锅炉登记表

序号	企业	姓名	地址	名称	型号	蒸吨 t/h	设备代码	登记证号	投用时间	整治	联系人	电话	燃料	商标	出厂日期	制造许可证

5. 起重机械登记表

序号	企业	注册号	姓名	地址	经营项目	型式	新旧	开工时间	设备代码	编号	梁	葫芦	登记证	操作证	电话	备注

6. 叉车登记表

序号	企业	注册号	姓名	地址	经营项目	型号	新旧	开工时间	台数	登记证	操作证	电话	备注

7. 电梯明细表

序号	单位	使用管理责任单位	使用地点	设备种类	设备类别	设备品种	编号	单位内编号	设备代码	特检设备号	产品编号	发证日期	登记证	下次检验日期	维保单位	应急救援电话	制造单位	设备型号	制造日期	首检日期	层站数	上次检验日期	备注

8. 电梯汇总表

序号	单位	地址	台数	使用管理责任单位			维保			安全管理员		操作员	
			合计	单位	负责人	电话	单位	负责人	电话	姓名	证	姓名	证

9. 气站登记表

序号	企业	注册号	姓名	气瓶充装许可证	有效期	经营范围	地址	电话	注册日期	备注

10. 加油站登记表

序号	企业	成品油许可证号	地址	加油机	加油枪	联系人	电话	备注

五、设 立 条 件

（一）依据《市场监督管理所建设规范（暂行）》《市场监督管理所等级评定管理办法（试行）》等，市场监管所承担特种设备使用安全监督管理相关工作。

（二）辖区在用特种设备合计××××台，其中锅炉××台，压力容器×××台，电梯××××台，起重机械×××台，厂车××台，游乐设施××台，压力管道××千米。按照相关规定，市场所监察人员与属地特种设备配备比例不高于人均 1000 台，设立特种设备安全监察人员不少于×人。

（三）业务岗位监管对象主要为医院、车站、旅游景点等人流密集场所，以及党政机关、科研机构和辖区住宅居民等重点使用单位。针对老旧住宅小区数量多，电梯使用年限长，安全隐患突出，矛盾焦点聚集的辖区，应增加特种设备安全资金投入和人员数量，并加强特种设备安全监管能力的提升。在条件允许情况下，配备专职联络员。

六、基础保障条件

做好经费保障工作，配备特种设备日常监管与应急处置装备。由上级部门依据工作职责与实际，做好监察与检验人员能力提升、日常监管与应急装备配备等方面经费保障工作。加强特种设备日常监管与应急处置装备的配备、使用和管理，确保面对突发情况能够第一时间到达、进入现场，开展工作；确保办公自动化设备、交通工具满足日常监管和应急处理等基本工作需要，确保特种设备安全监察人员配备满足现场执法检查和事故处置需要的个人防护、事故勘验、视频录播、手持监管终端、执法记录仪和便携式打印机等装备

（特种设备监管与应急处置装备一览表详见附件）。

七、履职风险及防控措施

（一）履职风险

1. 对上级部门或领导批示、交办或部署的特种设备监督检查计划、专项整治行动等安全工作，以及辖区或职责范围内特种设备安全投诉举报，是否及时办理或在规定期限内按要求完成；

2. 上级下达的特种设备安全监督检查任务是否100%完成，发现的问题隐患是否及时采取相应监管措施并100%整改到位；

3. 检查人员在监督检查中是否依法履行职责，需要承担行政执法过错责任的，按照有关法律法规及《市场监督管理行政执法责任制规定》的有关规定执行；检查人员在监督检查中涉嫌违纪违法的，移送纪检监察机关依法给予党纪政务处分；涉嫌犯罪的，移送监察机关、司法机关依法处理。

4. 接到特种设备安全事故报告时，是否进行核实并及时向所属上级部门报告，是否按要求开展事故应急处置与救援工作。

5. 是否建立本辖区内特种设备生产使用单位监督管理档案，是否动态维护监察平台上的数据。

（二）防控措施

1. 坚定理想信念，践初心守牢安全红线。以习近平新时代中国特色社会主义思想为指导，全面贯彻落实党的二十大精神以及各级部门部署，严格执行党内法规和纪律要求，结合特种设备职能使命，不断提升特种设备安全监管能力和水平，贯彻落实特种设备安全监察工作。

2. 严格现场检查，标准化开展安全监督。按照《特种设备安全监督检查办法》中监督检查程序开展特种设备安全监察活动，一是严格按照检查的标准流程和程序开展，保证现场检查过程的合法合规性；二是严格按照各类设备的检查内容与要求进行，确保现场检查的专业性；三是明确各类设备可能存在的安全风险隐患及相对应的隐患整改要求，保障现场检查取得的实效性。

3. 加强教育培训，多方式提高监察能力。一是根据实际情况，监察人员参加相应的初任培训、任职培训、专题培训、岗位培训、专门业务培训和集中轮训。二是采取脱产培训、网络培训、实践观摩学习等方式开展教育培训，鼓励监察人员在职自学提高个人能力素质。三是明确培训学习时间，每年累计进行的各类学习培训达到规定的时限。通过学习培训，监察人员熟悉并掌握投诉处理、现场检查、事故上报等各项业务的标准流程，促进安全监管责任的落实。

◎ 附件：

特种设备监管与应急处置装备一览表

序号	类别	名　　称	计量单位	市场所
1	日常监管装备	手持监管终端（手机）	台	每人1台
2		执法记录仪	台	每人1台
3		便携式打印机	台	每组1台
4		便携式计算机	台	每组1台
5		便携式执法工具箱包	个	每组1个
6		照相机（防磁、防爆）	台	每组1台
8		存储设备（移动硬盘、U盘）	个	每组1个
		特种设备应急用车辆	辆	1辆
9	应急处置装备	防护套装（防尘毒口罩5只、防毒面具1只、防护服装1套、护目镜2副、绝缘鞋1双、带灯安全帽1只、反光背心1件、防护手套2副等）	套	每人1套
10		警戒带及其标志	套	每车1套
11		扩音器	个	每车1个
12		可燃气体检测仪	台	每车1台
13		有毒有害气体检测仪	台	每车1台
14		测距仪	台	每车1台
15		红外测温仪	台	每车1台

（三）二维码视频案例示范

1. 直梯安全现场检查教学片

2. 扶梯安全现场检查教学片

3. 锅炉安全现场检查教学片

4. 起重机械安全现场检查教学片

5. 压力容器安全现场检查教学片

第七章　药品安全监管岗位履职规范

一、岗　位　职　责

（一）负责辖区内药品、医疗器械和化妆品零售和使用环节质量安全监督管理。

（二）监督实施药品、医疗器械经营质量管理规范，落实化妆品生产经营监督管理办法中有关化妆品经营、使用相关要求。

（三）负责辖区内药品、医疗器械、化妆品风险隐患排查和应急管理工作。

（四）负责辖区内药品、医疗器械、化妆品质量投诉举报处置工作。

（五）依法查处药品、医疗器械、化妆品在经营、使用环节违法行为。

（六）协助开展辖区内药品相关行政许可事项、药品不良反应监测和药品、医疗器械、化妆品质量抽查检验工作。

（七）协助开展辖区药品普法宣传工作。

二、工　作　任　务

（一）贯彻执行药品、医疗器械、化妆品安全监督管理法律法规和规章。

（二）开展辖区内药品、医疗器械、化妆品监督检查和专项整治工作。

（三）开展辖区内药品、医疗器械、化妆品安全风险监测和隐患排查。

（四）上报辖区内药品安全突发事件；配合县（市、区）市场监管部门开展辖区内药品安全突发事件应急处置。

（五）受理辖区内药品、医疗器械、化妆品违法违规行为的举报、投诉。

（六）协助上级药品监管部门开展案件查处工作。

（七）配合县（市、区）市场监管部门完成辖区内药品不良反应监测工作和药品、医疗器械、化妆品质量抽查检验工作。

（八）配合县（市、区）市场监管部门开展辖区内法律法规宣贯和科普宣传工作。通过加强宣传、教育、培训等方式，督促重点生产经营单位、监管对象落实安全主体责任。

（九）法律、法规、规章规定的其他职责。

（十）上级交办的其他工作任务。

三、工作流程及工作要求

（一）工作流程

1. 制定检查工作计划及方案。制定年度检查清单，根据监管对象、监管任务要求制定检查方案。

2. 开展现场检查。到被检查单位后出示执法证件，并表明来意，根据方案开展现场检查。

3. 记录检查情况。按照省药监局印发的《药品经营活动检查指南（试行）》和《药品经营活动检查报告格式及撰写指南》要求，规范撰写日常监管相关记录，对发现的问题及缺陷项按照规定取证。检查报告通过移动监管 App 或其他方式及时上传"湖北省智慧药监一体化平台"。

4. 结果处置。

（1）检查结果为基本符合要求或不符合要求的，应按照有关法律法规采取行政处理和风险控制措施。可以立即整改的，现场督促整改；需要限期整改的，制作责令改正通知书。

（2）涉嫌违法行为、未按要求整改、未在规定期限内整改完毕等情形，应立案查处，并同步录入"协同执法办案系统"。

（3）涉嫌犯罪行为的，应及时报告县（市、区）市场监管部门，由县（市、区）市场监管部门移交公安机关。

（4）检查中发现问题或隐患涉及其他部门管辖的，应及时报告县（市、区）市场监管部门，由县（市、区）市场监管部门移交到其他部门处理。

（二）工作要求

1. 实施监督检查前，应确定检查目的、检查对象、检查标准、时间安排、人员组成、检查内容和重点。

2. 实施监督检查时，应有 2 名以上执法人员，并指定 1 人为组长。

3. 现场检查时，应向被检查企业有关人员出示行政执法证件，告知检查的目的、范围、日程安排，并如实记录现场检查情况，必要时取证。

4. 现场检查完成后，汇总检查情况，做出明确的检查结论，并制作日常监管记录及相关的行政执法文书。检查组长向被检查企业告知检查结果，检查人员、被检查企业负责人在《现场检查报告》及相关行政执法文书上签字并留存受检单位一份。受检企业拒绝签字的，应由两名以上检查人员签字并注明情况。

5. 监督检查发现有违法违规行为的,应及时处置或将案件线索及相关文书移送至相关部门。

四、系统操作

(一)系统登录

1. 外网登录

由网址 https://mpa.hubei.gov.cn/登录进入湖北省药品监督管理局门户网站首页,左下角选择【信息化业务平台 监管端】模块登录;

2. 内网登录

由网址 https://59.175.169.149:8091/#/登录进入湖北省智慧药监一体化平台登录页面,使用用户名/手机号/身份证号码、手机号末尾4位数、密码进行登录。

(二)主要功能

药品监管系统用来指导基层工作人员开展针对药品、医疗器械、化妆品(以下简称"两品一械")生产、经营、使用企业的日常监督检查、抽样检验等工作。

药品监管系统所涉及的应用系统包括药品日常监管平台、企业监管档案系统、药品抽检验管理系统,均由湖北省智慧药监一体化平台统一登录使用。

(三)操作指南

1. 药品日常监管平台

药品日常监管平台是对辖区内"两品一械"主体开展日常监督检查等工作。药品日常监管平台包含药品监管、化妆品监管、器械监管、疫苗监管、计划管理、任务管理、数据统计等功能。

(1)电脑端

登录成功后,在【业务系统】菜单选择日常监管平台,进入日常监管系统。

系统首页主要分为四大区域:首页菜单、事项管理、表单录入、排名系统。

首页菜单是各个业务功能的入口,其中药品监管、化妆品监管、器械监管、疫苗监管等功能可供监管人员根据"监管单位""监管编码""企业名称"等关键字段的录入,查询查看、批量导出及打印相应的日常监管信息;

个人事项是帮助用户快速查看接受检查工作、确认检查企业、未检查企业、需整改企业以及已办理事项的功能;监管表单录入是用户录入日常监管记录的入口;排名系统是对各市州分局以及处室检查情况的一个统计。

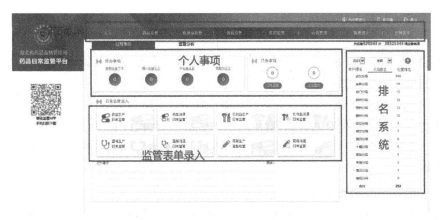

药品日常监管平台-首页

（2）移动端

药品日常监管平台首页，可手机扫码下载移动监管 App，登录账号后进入首页。

药品日常监管平台-移动端

通过【扫一扫】扫描证书上的二维码，可以自动录入检查企业的基本信息。待办事项功能用于接收检查工作、未检查企业、需整改企业的待办事项会以数字的形式展示；已办监管页面搜索框，输入企业名称后点击放大镜即可搜索匹配的监管事项记录；监管事项会显示详细检查表单，选择表单后可以对选择企业进行日常监管。

2. 企业监管档案系统

企业监管档案系统是对辖区内药品生产、药品经营、医疗机构、医疗器械生产、医疗器械经营、化妆品生产等企业建立监管档案工作。企业监管档案系统包含企业信息、全省查询两个模块。

登录成功后，在业务系统菜单选择企业监管档案系统，即可进入。

首页展示全省药品生产、药品批发、零售连锁总部、医疗机构制剂、器械生产、化妆品生产、药包材企业总量数据总览等；展示辖区内所有企业的证书数量、品种总数、日常监管数量、执法处罚次数、抽检验情况。

企业监管档案系统-首页

3. 药品抽检验管理系统

药品抽检验管理系统功能模块包含抽检实施方案上传、样品抽取、现场检查、样品检验、样品复验、核查处置、质量公告、联系人管理、统计分析、数据查询等。

登录成功后，在业务系统菜单选择药品抽检验管理系统，即可进入。

首页展示全省药品生产、批发、零售、零售连锁企业总数、抽样数量和不合格数量。

点击导航页【抽检实施方案上传】、【样品抽取】、【样品检验】、【核查处理】及【统计分析】等模块，亦可分别进入相应功能模块进行对应操作。

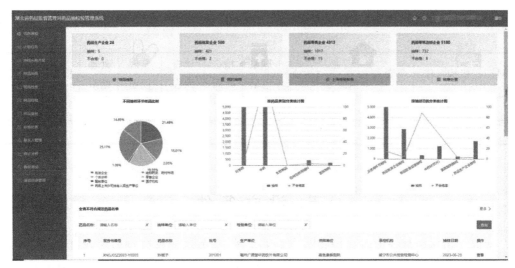

药品抽样检验管理系统-首页

（四）监管台账

1. 市场监管所辖区药品市场主体台账

序号	统一社会信用代码	名称	经营范围	经营地址	负责人	联系电话

2. 市场监管所药品监管台账

序号	统一社会信用代码	名称	经营地址	负责人	联系电话	许可证代码	有效期至	检查时间	检查内容	发现问题	处理结果	检查人

3. 市场监管所辖区医疗器械机构信息台账

序号	机构名称	登记号	经营地址	负责人	联系电话	所有制形式	机构类别	诊疗科目名称	备注

4. 市场监管所辖区化妆品店监管台账

序号	机构名称	负责人	营业执照号	地址	联系电话	检查时间	检查内容	发现问题	处理结果	检查人	备注

五、设立条件

依据《市场监督管理所建设规范（暂行）》《市场监督管理所等级评定管理办法（试行）》等，市场监管所承担药品（化妆品、医疗器械）零售安全监督管理相关工作。依据辖区常住人口和监管对象数量情况，配备 1~5 名专职药品安全岗位人员。

六、基础保障条件

药品监管应配备至少 1 名药学相关专业监管人员，辖区人口超过 8 万的乡镇至少设 2 人，监管人员经培训后上岗。药品安全岗位可额外聘用药品安全协管员、网格员、宣传员、信息员等辅助人员。药品监管专项经费应专门用于药品安全监管相关支出，不得用于其他领域监管支出。药品专用执法装备参照《全国药品监管系统执法检查基本装备配备指导标准》配备。应设立投诉举报箱、意见箱或网站举报入口，畅通辖区内药品投诉举报途径。

七、履职风险及防控措施

（一）履职风险

1. 监管人员业务能力水平与监管要求不相匹配、监管人员的数量与监管任务不相匹配。

2. 不认真履行监管责任，未及时消除区域性重大药品安全隐患，造成辖区内发生特别重大药品安全事件，或者连续发生重大药品安全事件。

3. 瞒报、谎报、缓报、漏报药品安全事件。

4. 对投诉举报不作为，或在处理申诉、调解纠纷过程中因收受好处等原因显失公正。

5. 对监管中发现的该立案的案件线索不登记、不上报、不核查处理；未严格执行案件线索受理、登记、呈报、初核等案件办理流程；基于人情原因或收受请托人好处办人情案。

6. 其他不履行药品监督管理职责，造成严重不良影响或者重大损失。

（二）防控措施

1. 完善工作制度，规范监管行为。针对履职风险的特点，进一步完善工作制度，把权力关进制度的笼子，确保每一个风险点都有相应的制度约束。

2. 加强培训教育，强化风险意识。大力开展履职风险教育，提高识别研判能力，使风险防范意识真正入脑入心，正确规避风险。

3. 实施跟踪督查，推行阳光执法。层层落实工作责任制，完善一线执法监督网络，保证执法人员所有风险点都在监控之下，形成有力的防控机制。

4. 创新工作机制，健全联防体系。加强与纪检监察机构的联动，建立工作机制，防范岗位风险。

（三）二维码视频案例示范

1. 药品与医疗器械零售日常监管教学片

第八章　信用监管岗位履职规范

一、岗 位 职 责

（一）负责对辖区内经营主体的登记注册行为开展监督检查；

（二）组织指导辖区内经营主体年报公示、及时信息公示等相关工作；

（三）承担登记事项、公示信息的"双随机、一公开"抽查工作；

（四）负责指导、受理市场主体信用修复申请；

（五）负责开展与登记监管相关的专项整治。

二、工 作 任 务

（一）宣传、提醒、指导各类市场主体按期年报；

（二）按计划完成登记事项、公示信息的"双随机、一公开"抽查及后续监管；

（三）指导、受理市场主体信用修复申请；

（四）依职责查处无照经营行为。

三、工作流程及工作要求

（一）市场主体年报

1. 广泛宣传、提醒经营主体按时规范年报，确保辖区企业类经营主体年报率保持在较高水平。

2. 指导经营主体通过国家企业信用信息公示系统或其他方式填报年报，年报内容包括从业人数、资产总额、负债总额、对外提供保证担保、所有者权益合计、营业总收入、主营业务收入、利润总额、净利润、纳税总额等信息。

（二）"双随机、一公开"监管

1. 学习县（市、区）市场监管局下发的双随机抽查工作计划，了解掌握上级市场监管局建立的双随机抽查任务，依法依规完成"双随机、一公开"抽查检查及后续监管。

2. 登录湖北省"互联网+监管""双随机、一公开"监管平台，下载、打印实地核查记录表。

3. 2个或2个以上检查人员开展实地检查，检查内容包括：营业执照（登记证）规范使用情况；名称规范使用情况；经营（驻在）期限；经营（业务）范围中无须审批的经营（业务）项目；住所（经营场所）或驻在场所；注册资本实缴情况；法定代表人（负责人）任职情况；法定代表人、自然人股东身份真实性；年度报告公示信息；即时公示信息。

4. 登录"双随机、一公开"监管平台录入检查结果，检查结果包括：未发现问题、未按规定公示应当公示的信息、公示信息隐瞒真实情况弄虚作假、通过登记的住所无法联系、发现问题已责令改正、不配合检查情节严重、未发现开展本次抽查涉及的经营活动、发现问题待后续处理。

5. 对发现的问题开展后续监管。依法提请将符合列入情形的企业（个体户）列入（标注为）经营异常名录（状态），或者移送有管辖权的部门处置。

（三）无照经营查处、规范工作

1. 发现未经设立登记从事一般经营活动的行为；

2. 依法分类处置：坚持查处与引导相结合、处罚与教育相结合的原则，对具备办理营业执照法定条件且有继续经营意愿的无照经营的，要督促、引导其限期办理营业执照；对国家规定无须取得许可或注册登记的经营行为、零售业经营者按照当地主管部门指定的经营场所和时间开展经营服务的，不作为无照经营行为查处；对拒不改正的无照经营行为依法查处；涉及其他部门职责的按规定移送相关部门查处，涉嫌犯罪的及时移送公安机关。争取辖区经营户持照率、亮照率均达到100%。

（四）信用修复

1. 经营主体提出的信用修复申请；

2. 工作人员登录"湖北省智慧监管一张网——信用信息管理平台"录入、受理经营主体信用修复申请，实现信用修复业务网上全程办理，让"企业少跑腿、数据多跑路"；

3. 对符合修复条件的报上级审批，对不符合修复条件的予以退回；

4. 市、县市场监管局将符合条件的当事人依法移出经营异常名录、恢复个体工商户正常记载状态、提前移出严重违法失信名单、提前停止通过国家企业信用信息公示系统公示行政处罚等相关信息。

四、系统操作

（一）系统登录

1. 内网登录

从内网 http：//192.0.97.142 登录湖北省市场监督管理局内网门户，点击导航栏【三网一中心】，点击【智慧监管一张网】，进入一张网平台系统，选择【查看更多】，在列表中点击【信用监管】进入平台。

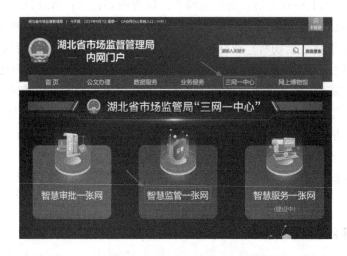

2. 外网登录

由外网 https：//hbsj. gssjy. com：48080/hbzhscjg/登录，进入一张网平台系统，选择【查看更多】，在列表中点击【信用监管】进入平台。

（二）主要功能

信用信息管理平台可用于对全省的经营主体进行经营异常名录（状态）列入、标记和信用修复的工作。

本系统分为监管端与企业端，监管端主要分为经营异常名录（状态）列入、标记和信用修复；企业端主要功能则是企业线上申请信用修复。

（三）操作流程

1. 经营异常名录（状态）列人、标记

未依照《企业信息公示暂行条例》公示企业的相关信息的，或者通过登记的住所或者经营场所无法联系等经营主体，依据《个体工商户年度报告暂行办法》或《企业经营异常名录管理暂行办法》或《农民专业合作社年度报告公示办法》等规定，应被列入或标记为经营异常名录（状态），监管部门按实际情况进行处理。

操作人员对需要审批的数据进行异常名录列入申请，选择列入原因和初审人员，初审人员输入审核意见，选择审批人进行审核，审批人确定通过则列入异常名录。

2. 企业端信用修复申请

经营主体可通过国家企业信用信息公示系统入口提交信用修复申请，或通过下方链接提交申请。

方式一：进入国家企业信用信息公示系统，点击【企业信息填报】，跳转后点击下方【湖北】，进入页面再点击飘窗，进入填报登录页。

方式二：企业用户从国家企业信用信息公示系统进入信用修复首页进行申请，上传相关附件，签署信用修复申请书以及守信承诺书，点击"电子签章"按钮，弹出二维码，使用微信或支付宝小程序"电子营业执照扫码签章"完成签章，提交信用修复申请。填报页面链接：

https：//scjg. hubei. gov. cn/hbzhscjg/sysdata/public/login/xyjglogin. html

3. 信用修复

依据《市场监督管理信用修复管理办法》，对已履行相关义务的经营主体可以予以信用修复。

操作人员根据列表内容对信用修复申请进行审批，根据事实、理由、依据及主要内容做出转交至相关部门、提交给下一步处理人、不予受理或驳回申请的决定。

信息初审人员在审批页面做出提交、不予通过、退回的处理决定，退回数据重新进入上一步处理流程。

信息审批人员进行提交或退回处理决定的审批，通过信用修复或驳回申请。

（四）监管台账

1. 市场监管所辖区重点监管事项清单

序号	监管项目		检查对象	事项类别	监管方式	监管依据	监管主体	备注
	监管类别	监管事项						

2. 某市场监管所重点检查事项清单

序号	抽查项目 抽查类别	抽查事项	检查对象	事项类别	检查方式	检查依据	监管主体	备注
1	食品生产监督检查	食品生产监督检查	获证食品生产企业	重点检查事项	现场检查	《食品安全法》第一百一十条《食品生产经营日常监督检查管理办法》	＊市场监管所	
		对高风险食品如大米、肉制品等食品生产企业组织、指导监督检查		重点检查事项	现场检查			
2	食品销售监督检查	校园食品销售监督检查	校园及校园周边食品销售者	重点检查事项	现场检查	《食品安全法》第一百一十条《食品生产经营日常监督检查管理办法》	＊市场监管所	
3	餐饮服务监督检查	餐饮服务安全情况的检查	学校、托幼机构、养老机构等食堂	重点检查事项	现场检查、书面检查	《食品安全法》第一百一十条《食品生产经营日常监督检查管理办法》	＊市场监管所	
4	食用农产品市场销售质量安全检查	食用农产品集中交易市场监督检查	食用农产品集中交易市场（含批发市场和农贸市场）	重点检查事项	现场检查、抽样检测	《食品安全法》第一百一十条《食用农产品市场销售质量安全监督管理办法》	＊市场监管所	
		食用农产品销售企业（者）监督检查	食用农产品销售企业（含批发企业和零售企业）、其他销售者	重点检查事项	现场检查、抽样检测			

序号	抽查项目		检查对象	事项类别	检查方式	检查依据	监管主体	备注
	抽查类别	抽查事项						
5	药品安全监督抽检	药品购进渠道检查	药品经营单位、使用单位	重点检查事项	现场检查	《药品管理法》第五十五条《药品经营质量管理规范》	*市场监管所	
6	特种设备使用单位监督检查	对特种设备使用单位的监督检查	特种设备使用单位	重点检查事项	现场检查、资料审查	《特种设备安全法》第五十七条《特种设备安全监察条例》第五十条	*市场监管所	

3. 市场监管所责改文书登记表

序号	文书号	领取单位	领取时间	领取事由及文书内容	是否立案处罚	经办人	备注
	*市监责改【20**】*1号						
	*市监责改【20**】*2号						

4. 市场监管所辖区监管企业台账

序号	统一社会信用代码	企业名称	法定代表人	登记机关	企业类型	成立日期	住所	行业代码	企业状态	注册资本（万元）	监管所	经营范围

五、设 立 条 件

依据《市场监督管理所建设规范（暂行）》《市场监督管理所等级评定管理办法（试行）》等，要求市场监管所创新监管方式，加强事中事后监管，建立健全以"双随机、一公开"监管和"互联网+监管"为基本手段、以重点监管为补充、以信用监管为基础的新型监管机制，推进线上线下一体化监管。县级市场监管部门可根据市场监管所总人数、辖区经营主体总数等核定设立信用监管岗。

六、基础保障条件

具备基本的办公用房、办公设施，配备基本执法车辆和移动执法终端，运用信用信息化平台办公。

七、履职风险及防控措施

（一）登记监管工作

风险点：部分经营者未依法取得营业执照，擅自从事经营活动，存在重大安全隐患。

防控措施：加强排查，及时发现无照经营行为，并按照《无证无照经营查处办法》依法查处，规范经营行为。

（二）"双随机、一公开"抽查检查工作

风险点：执法人员对"双随机、一公开"抽查检查中发现的问题，未依法开展后续监管。

防控措施：对双随机抽查发现的各类问题，按照"谁管辖、谁负责"的原则做好后续监管工作衔接，对发现的违法违规行为依法加大惩处力度，涉嫌犯罪的依法移送司法机关，防止监管脱节。对未履行、不当履行、违法履行"双随机、一公开"监管职责的，依法依规严肃处理。

（三）二维码视频案例示范

1. 严重失信名单管理案例办案流程教学片（武汉某服饰公司失信案）

第九章　广告监管岗位履职规范

一、岗　位　职　责

（一）宣传贯彻实施《中华人民共和国广告法》《互联网广告管理办法》等相关法律、法规、规章和政策；

（二）负责对辖区广告企业、个体工商户等广告市场主体和广告园区、广告基地等建立台账，做到底数清、情况明；

（三）依法对辖区广告主、广告经营者、广告发布者等广告市场主体和广告行为组织监督检查；

（四）按照县（市、区）局要求对本辖区发布的各类广告进行监测，并建立监测台账；

（五）按照县（市、区）局规定对本辖区广告监督管理基本情况进行统计、分析，及时准确上报相关情况；

（六）指导督促辖区广告企业做好广告业统计相关工作；

（七）受理本辖区各类广告违法行为的举报投诉，调查处理12315中心分流的广告违法案件线索；

（八）对上级派发及监督检查发现的辖区各类违法广告线索依法进行核查、处置，并按要求及时反馈；

（九）积极应用"湖北省智慧监管一张网——广告监管系统"，及时办理上级下派的线索，并按时回复、录入相关信息；

（十）按照办案权限，依法组织查处辖区各类广告违法行为；

（十一）对辖区广告主、广告经营者、广告发布者的广告经营行为提供行政指导；

（十二）对辖区广告企业和个体工商户、广告园区、广告基地及政府部门、相关企业进行调研走访，协调广告相关主体，发挥广告作用，促进地区经济发展和精神文明建设；

（十三）负责辖区内广告监管突发事件的应急处置；

（十四）上级交办的其他广告监督管理工作。

二、工 作 任 务

（一）加强广告导向监管，依法从严查处涉及政治导向问题或社会影响大的虚假违法广告，坚决维护广告宣传正确政治导向和价值取向。

（二）加大药品、食品、医疗、医疗美容、医疗器械、保健食品、金融理财、房地产、教育培训等重点民生领域广告的监管力度，维护良好广告市场秩序。

（三）加强对辖区内广告发布行为的监测监管工作，依法查处虚假违法广告，净化广告市场环境。

（四）大力发展辖区内公益广告及广告产业，营造良好的广告文化产业发展环境。

（五）完成上级交办的其他临时涉及广告工作任务。

三、工作流程及工作要求

（一）举报投诉工作流程

应严格按照市场监管总局 2019 年颁布的《市场监督管理投诉举报处理暂行办法》和 2018 年颁布《市场监督管理行政处罚程序规定》（2022 年 9 月 29 日修订）执行。

1. 收到上级移交的广告类举报和投诉线索后，根据实际情况按时处置。投诉线索应在 7 个工作日内作出受理或者不予受理决定。举报线索应在 7 个工作日内作出是否有权处理意见。

2. 在处理广告类投诉和举报过程中发现涉嫌违法行为，应当在 15 个工作日内予以核查、处置。并将处理结果反馈至县（市、区）局。

3. 县（市、区）局进行回访，并将回访结果反馈至市场监管所。市场监管所根据回访结果进行后续处理，最后归档。

（二）广告监管工作流程

1. 开展线上线下监测巡查。主要通过检查线上线下广告、"智慧一张网"广告监管系统分派、"五级分发系统""双随机、一公开"检查、上级交办的案件线索等方式。

2. 县（市、区）局或市场监管所在巡查过程中发现违法广告线索，及时报至市场监管所负责人。

3. 市场监管所现场核实处置。应当立案，则移交执法办案人员进入立案程序，符合《市场监督管理行政处罚程序规定》不予立案的情形，则不予行政处罚。

4. 对上级交办的案件情况应在 15 个工作日以内反馈处置结果。特别紧急、重要的案件应在 7 个工作日内反馈处置。

（三）有关工作要求

1. 强化导向监管。要坚持以习近平新时代中国特色社会主义思想和党的二十大精神为指导，深入落实习近平总书记"广告宣传也要讲导向"的重要指示精神，自觉增强广告监管工作的政治敏锐性和政治执行力。

2. 严格依法监管。要依据《中华人民共和国广告法》《互联网广告管理办法》等法律、法规和规章的规定开展广告监管工作，按照相关法律、法规和规章界定违法广告和违法性质，遵循法治原则，依法执法，不得偏离法治轨道。

3. 提高监管执行力。要强化市场监管所执行力，对上级的指示不折不扣地落实。建立健全广告监管闭环管理，构建事前、事中、事后全链条、常态化广告监管机制，促进广告各项工作落地生效。

4. 强化服务与发展。坚持以发展为重点，为服务为先的工作理念，进一步优化广告业发展营商环境。坚持监管、惩处、教育结合，对初次且违法影响轻微的广告经营者和发布者，以批评教育、责令整改为主。对多次违法、违法较为严重、影响较为恶劣、严重破坏广告营商环境等行为，则移交执法机构从严从快处置。

四、系 统 操 作

（一）系统登录

1. 内网登录

从内网网址 http：//192.0.97.142 登录湖北省市场监督管理局内网门户，点击导航栏【三网一中心】，点击【智慧监管一张网】，进入一张网平台系统，选择【查看更多】，在列表中点击【广告监管系统】进入平台。

2. 外网登录

由外网网址 https：//hbsj.gssjy.com：48080/hbzhscjg/登录，进入一张网平台系统，选择【查看更多】，列表中点击【广告监管系统】进入平台。

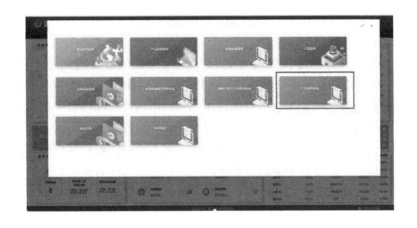

（二）主要功能

1. 指导广告监管工作人员审核和管理企业的广告内容和广告发布渠道，确保企业广告内容的合法性、真实性和合适性。

2. 接收查看上级指派的线索信息。通过检查"智慧一张网"广告监管系统分派的案件线索，对线索做查看与具体核实处置。

3. 上报突发信息。对于辖区内突发的线索案件等信息，通过"智慧一张网"广告监管系统上报给上级部门。

（三）操作指南

1. 线索查看与处置

登录系统点击【线索管理】中的【线索流转】，查看分派给当前用户的线索信息，可以做查看和处置操作。对于线索处置，在线索处置模块，按照实际的处置情况将处置结果通过系统提交。

2. 突发信息上报

广告监管员需负责辖区内广告领域突发事件的应急处理，要时刻关注突发事件的发生。点击【突发事件信息上报】中的【新增】按钮，按照表单要求，填写突发事件具体信息，并提交上传。

（四）监管台账

市场监管所广告业经营主体台账

序号	统一社会信用代码	名　称	注册号码	负责人	经营范围	行业代码	住　址	联系方式	备注

五、设立条件

依据《市场监督管理所建设规范（暂行）》《市场监督管理所等级评定管理办法（试行）》等，要求市场监管所依照法律、法规、规章的规定，对辖区内市场主体和市场经济活动进行日常监管，维护正常的市场秩序。县级市场监管部门可根据市场监管所人员数量、辖区广告经营主体数量等统筹安排设置广告监管岗位。

监测监管方式：采取线上线下两种监管方式，线上主要依托户外广告监测平台、互联网大数据等方式监管。配备专业电脑及监测线路。线下监管配备执法记录仪。

监管对象：辖区内媒体广告、户外广告、互联网广告经营者与发布者。

六、基础保障条件

提供办公场所及办公自动化设备、基础网络。配备巡查监测车辆、广告监测数据端口等设备。拨付监测监管专项资金，用于每年广告监测监管所需费用。

七、履职风险及防控措施

（一）履职风险

1. 日常监管风险点：在日常检查中，对上级下达的广告检查任务，可能存在不作为、乱作为等各种问题。

2. 行政执法办案风险：办人情案，接受违法者宴请和馈赠；不按规定程序办案；擅自改变处罚决定。

3. 投诉举报处理风险：对消费者投诉举报、监测发现的案件不及时处理。

4. 监测手段缺失风险：由于户外广告、互联网广告具有受众人数多、传播范围广、社会影响大等特点，因缺乏科学监管方式与手段，存在着违法广告大面积投诉风险隐患。

（二）防控措施

1. 加强理论学习，提高思想政治站位。持续、深入学习习近平新时代中国特色社会主义思想和党的二十大精神，增强"四个意识"，坚定"四个自信"，不断提升基层监管人员政治意思，自觉增强广告监管工作的政治敏锐性和政治执行力。

2. 加强思想教育，提高廉政勤政自觉性。牢固树立纪律和规矩意识，自觉遵守党的各项纪律，在广告监管原则问题和大是大非问题上旗帜鲜明。坚持依法、依程序办案，廉洁办案，秉公执法，对在广告监测监管过程中因违法违规造成不良影响和后果的，严肃追究相关人员责任。

3. 加强业务培训，提高履职尽责能力。组织重点领域虚假违法广告业务培训，不断学习广告监管新手段、新知识，不断提高政策、业务水平，培养一批懂业务、会监管、能执法的基层广告监管专业队伍。增强责任意识，对投诉举报、监测发现的案件及时处置，不拖拉、不应付。

4. 探索监管方式，提高广告监管效能。创新户外及互联网广告监测监管新方式，提高户外及互联网广告监测的精准度和覆盖面。建立健全户外及互联网广告行政指导相关工作制度，强化对广告内容的导向性、合法性、规范性的行政指导，努力做到问题早发现、风险能防控。

（三）二维码视频案例示范

1. 虚假广告办案流程教学片（湖北某医疗器械广告案）

第十章 价格监管岗位履职规范

一、岗 位 职 责

（一）负责本辖区商品价格、服务价格以及国家机关、事业性收费的监督检查工作；

（二）组织查处价格收费违法违规行为；

（三）依法推行明码标价或收费公示制度；

（四）依法开展价格举报投诉查处工作；

二、工 作 任 务

（一）负责日常巡查活动和价格专项整治执法检查，对辖区内各类市场主体的价格行为实施监督管理；

（二）负责政府定价、政府指导价商品及服务价格执行情况检查；

（三）依法开展明码标价或收费公示制度落实情况检查；

（四）依法查处价格欺诈等不正当价格行为、转嫁成本等不公平价格行为和其他价格违法行为；

（五）认真开展12315价格申投诉调处工作；

（六）处理价格监管突发应急事件；

（七）利用智慧监管方式，发挥价格领域收费公示等信息在监管中的应用作用；

（八）宣传贯彻国家的价格方针、政策、法律法规。

三、工作流程及工作要求

（一）日常工作

所长是第一责任人，对本所价格监管工作进行安排；对本所执法事项提出办理意见；重大价格监管事项报局领导审定后实施。工作人员根据安排开展日常工作：

1. 依法查处价格违法行为，对检查中发现的价格违法问题实施行政指导；

2. 经办落实基础监管台账，开展日常巡查，做好明码标价或收费公示制度的落实工作；

3. 经办价格行政执法的调查取证、处罚决定的执行，案件整理；做好价格行政执法案件的统计、案卷归档工作；重大案件的调查、移交工作；

4. 经办价格投诉举报的接听、受理、报批工作，答复群众价格咨询；

5. 根据上级部门要求完成价格数据的采集和汇总，分析价格动态，上报价格数据和执行应急预案监测。

（二）执法办案

依据监督检查职权或者通过投诉、举报、其他部门移送、上级交办等途径发现的违法行为线索，应当自发现线索或者收到材料之日起十五个工作日内予以核查，由所长决定是否立案；特殊情况下，经市场监督管理部门负责人批准，可以延长十五个工作日。对违法事实确凿，并有法定依据，对公民处以二百元以下、对法人或者其他组织处以三千元以下罚款或者警告的行政处罚的，可以当场作出处罚决定，执行简易处罚程序。一般处罚程序如下：

1. 立案。决定立案的，应当填写立案审批表，由所长指定两名以上具有行政执法资格的办案人员负责调查处理。决定不予立案的，应当填写不予立案审批表。

2. 调查。案件调查取证，应有两人以上具有价格监督行政执法资格的人员，并出示行政执法证件。制作《现场检查笔录》《询问笔录》，当事人或有关人员应在笔录上签字或盖章。调查终结后由承办人写出调查终结报告。

3. 案件审理。对情节复杂或者重大价格违法行为给予较重的行政处罚时，由案审委员会集体讨论决定，做好《案件审查记录》，并据此拟定处理意见。

4. 处罚告知。在作出行政处罚决定前，市场监管部门应告知作出处罚决定的事实、理由及依据，向当事人送达《行政处罚告知书》，依法告知当事人在五个工作日内向市场监管部门进行陈述、申辩之权利。

5. 陈述申辩。除当事人放弃陈述和申辩权外，当事人提出的事实、理由或者证据成立，市场监管部门应当采纳，不得以当事人的申辩而加重处罚。

6. 听证。市场监管部门作出责令停业整顿，吊销收费许可证及对自然人处以一万元以上、对法人或者其他组织处以十万元以上罚款或没收违法所得和非法财物价值总额达到上述罚款数额的，应向当事人发出《行政处罚听证告知书》，依法告知当事人可以在五个工作日内向市场监管部门要求听证。

7. 处罚。市场监管部门应当自行政处罚案件立案之日起九十日内作出行政处罚决定，在七个工作日内将《行政处罚决定书》送达当事人，当事人应在送达回证上签字或盖章。当事人应当在行政处罚决定书载明的期限内予以履行。

四、系统操作

（一）系统登录

1. 内网登录

从内网网址 http：//192.0.97.142 登录湖北省市场监督管理局内网门户，点击导航栏【三网一中心】，点击【智慧监管一张网】，进入一张网平台系统，选择【查看更多】，在列表中点击进入【价监竞争业务系统】。

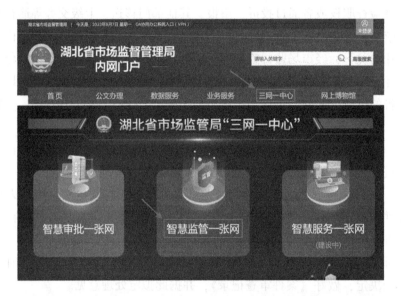

2. 外网登录

由外网网址 ttps：//hbsj.gssjy.com：48080/hbzhscjg/登录进入一张网平台系统，选择【查看更多】，在列表中点击进入【价监竞争业务系统】。

（二）主要功能

价监竞争业务系统便于基层人员在开展日常巡查活动和实施监督管理的过程中，提供可进行查询业务信息的操作方向。

价监竞争业务系统所涉及的工作人员主要为基层市场监管所工作人员。

（三）操作指南

价监竞争业务系统主页面共分为业务信息、专项行动、常用法律法规、专家人员库等功能。

1. 业务信息查询

业务领域包括领域信息查询、执法手册和典型案例三个部分。根据业务不同，对监管领域进行分类查询，包括医疗领域、教育领域、旅游领域、协会商会和中介、金融领域、公用事业领域、行政事业领域、水电气暖领域、交通领域、物业领域、重要民生商品、殡葬领域、商业秘密保护和其他主体信息。

在业务信息页面左侧导航栏选择机构查询、执法手册、典型案例等相关领域，以年份、机构名称、行政区划等条件进行搜索、添加、数据输出及文件导出。

2. 专项行动信息查询

专项行动是一般是由省局发起的专项检查任务，由各市局和区局根据行动的内容和指标进行会议文件、指标数据的填报。监管所用户可对行动中的会议文件进行查询。

点击专项行动页签，以行动名称，发起机构、部门及行动状态等条件进行专项行动搜索；点击专项行动名称可切换部署文件、联络员名单、会议记录等子页面，并以名称、内容说明、所属机构、部门等条件进行搜索。

3. 常用法律法规查询

常用法律法规页面记录涉及各领域内的法律法规，可实时进行在线查看并支持用户下载至本地。

点击常用法律法规页签，点击各领域统计数字或采用名称、机构、文号等条件进行检索。

4. 专家人员库查询

专家人员库页面按照监管领域的划分，展示各领域内的专家人员数量、各领域具体的专家人员信息和专家人员履历。

点击专家人员库页签，以专家名称、所属机构、层级等条件进行检索和信息导出。

五、设 立 条 件

依据《市场监督管理所建设规范（暂行）》等，市场监管所应当熟悉掌握上级市场监管部门制定的价格异常波动等突发事件应急预案，按照规定开展应急演练，遇突发事件及时采取相应措施并按照规定将有关情况上报。县级市场监管部门可根据实际核定市场监管所价格监管岗位。

六、基础保障条件

有基本的办公用房和办公设施，配备必备的执法设备。

七、履职风险及防控措施

（一）履职风险

1. 上级下达的价格监督检查计划是否100%完成，发现的价格违法问题是否100%整改到位；

2. 群众举报投诉的价费问题是否100%办理并按时回复；

3. 因监管不力引发重大价格舆情；

4. 执法行为引起当事人申请复议、行政诉讼，且被依法撤销或败诉的；执法人员有滥用职权、贪污受贿、徇私舞弊、玩忽职守或行政不作为、乱作为等行为的。

（二）防控措施

1. 加强业务培训，提高执法人员履职能力，确保价格问题查得出、定性准、能处理；

2. 做实日常监管台账，确保监管底数清、无盲区；

3. 严格依法行政，遵守程序，不越位、不缺位；

4. 坚决执行行政执法"三项制度"规定，做到结果公开，过程公开，法制审核到位。

第十一章　网络交易监管、合同行政监管岗位履职规范

一、岗位职责

（一）网络交易监管

承担辖区网络市场商品交易及有关服务行为的监管工作；督促引导辖区平台落实主体责任，推动平台及平台内经营者"亮照、亮证、亮规则"；依托省局智慧监管一张网，充实本辖区网络经营主体数据库，实施网络市场检查、监测工作；负责对上级交办及检查监测发现的辖区涉嫌违法违规涉网线索依法进行处理；负责上级部门交办的其他网络交易监管与服务工作。

（二）合同行政监管

承担辖区合同行政监督管理；督促市场主体做好合同格式条款备案，开展合同行政指导、信用评价、"守合同重信用"企业公布活动等指导服务。开展合同检查和专项整治，查处合同各类违法违规行为。

二、工作任务

（一）网络交易监管

1. 积极引导辖区网络市场主体办理登记注册，督促辖区内各类网店、经营性网站亮照亮证经营，鼓励网络市场主体公示营业执照电子链接标识。

2. 依托省局智慧监管一张网，建立健全辖区网络经营主体数据库。

3. 负责总局及省局网监系统的操作应用，核查处置上级部门交办的案件线索，并按时核查处理回复；根据上级部门部署和网络交易监管工作需要，实施网上日常检查，按照属地管辖原则依法查处网络交易违法违规案件。

4. 按照工作要求向上级机构报送网络交易监管的有关信息情况。

91

（二）合同行政监管

1. 宣传合同法律法规，指导规范辖区市场主体规范合同签约、履约行为；推广使用合同示范文本；引导企业参加"守合同重信用"企业公布活动。

2. 围绕民生关切，服务发展大局开展合同格式条款收集、上报；加强对重点行业、民生关注热点行业合同格式条款的备案管理。

3. 开展合同格式条款专项整治，对利用合同格式条款损害消费者合法权益的行为依法查处。

4. 按照工作要求向上级机构报送合同行政监管的有关信息情况。

三、工作流程及工作要求（图示）

（一）工作流程

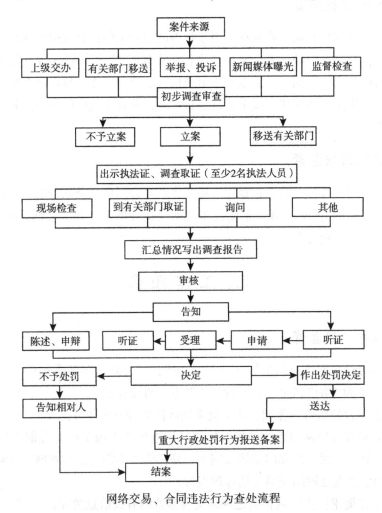

网络交易、合同违法行为查处流程

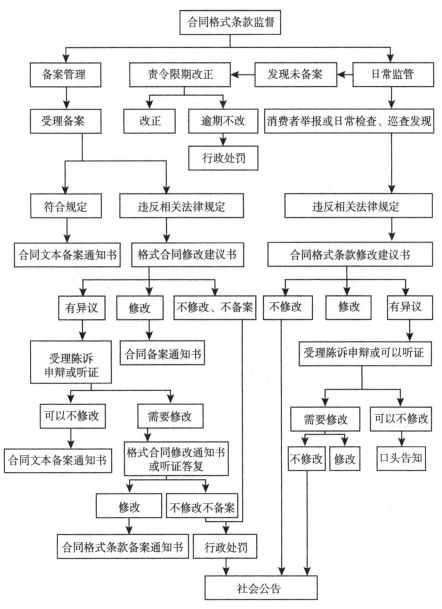

合同格式条款监管流程

（二）工作要求

市场所有1—2名执法人员会指导企业修订合同格式条款、会点评合同格式条款、会查办合同案件。能够应用和操作"网络交易监测监管五级贯通系统""湖北省网络交易与合同监管系统"，及时处理系统内的各项工作任务和线索，随机开展网站、网店等检查，依法查处网络市场违法违规行为。

四、系 统 操 作

（一）系统登录

内网登录：从内网网址 http：//192.0.97.142 登录湖北省市场监督管理局内网门户，点击导航栏【三网一中心】，点击【智慧监管一张网】，进入一张网平台系统，选择【查看更多】，在列表中点击进入【网络交易与合同监管系统】。

（二）主要功能

湖北省网络交易与合同监管系统由省局统一部署，省市县所四级共用。系统主要用于归集网络交易经营主体数据；开展网络交易日常检查、专项检查任务；上传、流转、处置网络交易违法线索；推广使用合同示范文本；开展合同评审等。

（三）操作指南

网络交易与合同监管系统功能主要包括网络经营主体数据库维护、网络交易监管、合同行政监管、系统用户添加等。

1. 网络经营主体数据库

主要便于所级监管人员建设网络经营主体数据库，解决主体数据底数不清，更新缓慢问题。监管人员可增删改查管辖区内网络交易市场中网络经营主体、网站、网店、平台、商品等信息。

在系统主页【主体管理】页签下，选择导航栏中网络经营主体、网站管理、平台管理等不同领域，采用不同筛选条件对主体信息进行查询。也可使用高级查询功能使用更复杂的规则对底数进行查询。

所级监管人员如需对网站、网店、平台、商品等辖区数据进行添加，可点击【网站管理/网店管理/平台管理/商品数据】中的"添加"按钮，进行单条添加或批量添加。

添加功能界面

对于失效的数据，可以选择"批量标记为异常数据"，对于错误数据，可以选择"批量删除"进行操作。

标记异常和删除功能界面

2. 网络交易监管

开展网络交易日常检查、专项检查任务，监管人员可对本辖区随机选取的网络经营主体开展检查；流转、处置网络交易违法线索，监管人员可对日常检查、专项检查、智能研判，以及其他监管人员录入等方式产生的线索，进行流转、处置、统计、查询。

在系统主页【主体监管】页签下，选择导航栏中的日常检查或专项检查，点击【任务检查】进入任务详情，检查具体任务；若检查有问题，可点击对应功能按钮进行取证，并填写相关说明。

执行检查的功能界面

在系统主页【线索流转】页签下，选择导航栏中的"待处理"，可对上级、平级部门流转过来的待处理线索数据进行处理操作。

3. 合同行政监管

查看、推广合同示范文本，开展辖区内合同上报审核，可实现对辖区内合同进行上报备案、审核等操作，以加强对合同格式条款的备案管理。

在系统主页【合同管理】页签下，查看、推广全国"合同示范文本"；点击【合同评审】，可进行合同上报及合同评审操作。

4. 添加系统用户指南（管理员须知）

管理员可进行用户信息添加、删除、修改等操作。

点击【系统管理】进入用户列表界面，可添加姓名、手机号码（用户唯一身份认证）等信息。如手机号码在添加时填写错误，需联系客服修改。

（四）监管台账

1. 网络交易平台内经营者身份信息报送台账

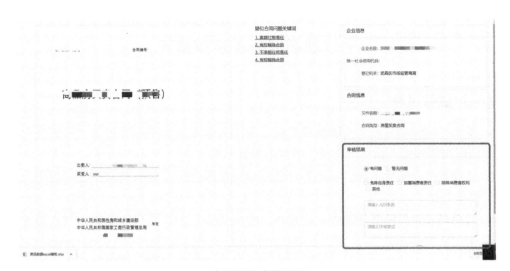

合同评审功能界面

序号	平台名称	企业名称	平台内主体总数	联系地址	联系人	联系电话	监管单位	备注

五、设 立 条 件

依据《市场监督管理所建设规范（暂行）》《市场监督管理所等级评定管理办法（试行）》等，要求市场监管所依照法律、法规、规章的规定，对辖区内市场主体和市场经济活动进行日常监管，维护正常的市场秩序。县级市场监管部门可根据市场监管所人员数量、辖区网络交易经营主体数量等统筹安排设置广告监管岗位。

网络交易监管。本辖区内有网络市场主体××户（其中网络交易平台××家、网店××家、经营性网站××家、直播带货等新业态经营者××家），电商产业园××家。

合同行政监管。辖区经营者利用合同中的不公平格式条款侵害消费者权益行为时有发生；部分市场主体存在利用合同危害社会公共利益的违法行为；部分企业合同规范签约、履约水平不够高，需行政部门加强指导服务。

六、基础保障条件

（一）办公场所及办公配套设备。

（二）执法装备。执法车辆、食品快速检测箱、手持执法终端（手机）、执法记录仪、便携式计算机（笔记本电脑或平板电脑）、便携式打印机等。

七、履职风险及防控措施

（一）监管风险

1. 受限于网监系统收录主体数量有限、第三方监测对象范围有限等，未能及时发现并纠正辖区网络经营主体违法行为，引发消费者不满。

2. 监管水平和能力不够，不能及时发现和处理因合同实施消费欺诈等问题引发社会不满，群体上访。

3. 对总局和省局网监系统中日常检查、专项检查任务等操作不及时，导致任务不能及时完成。

4. 对上级移交、本级监测检查发现的案件线索移交不及时、不登记、不上报、不核查处理，导致不良后果，对网络交易、合同格式条款侵害消费者权益的投诉举报能转化案件而未作案件办理，导致责任追究。

5. 其他不履行网络交易和合同行政监管职责，造成严重不良影响或者重大损失。

（二）廉政风险

在合同格式条款备案、"守合同重信用"企业公布活动受理、实地核查中借机收取好处。

（三）防控措施

1. 提高思想认识，增强工作责任感。
2. 强化业务学习，提高履职尽责能力。
3. 加强智慧监管，注重痕迹化管理。
4. 加强廉政教育，严格遵守廉政纪律。

（四）二维码视频案例示范

1. 未尽主体责任案例办案流程教学片（北京某科技平台案）

第十二章 执法办案岗（综合执法）岗位履职规范

一、岗 位 职 责

以县（市）市场监督管理局的名义承办违反市场监管法律、法规、规章的简易程序行政处罚案件和普通程序行政处罚案件。

二、岗 位 任 务

（一）岗位目标

1. 保证法律、法规和规章在本工作岗位正确有效实施；

2. 依法行政、照章办事，行政执法行为合法、公正、廉洁、高效；

3. 各种违法案件及时得到查处，各种违法行为及时得到纠正，公民、法人和其他组织的合法权益得到保护；

4. 依法接受上级主管部门和公民、法人及其他组织对本部门行政执法的监督。

（二）岗位任务

1. 在规定的职能范围和区域内，根据领导安排开展行政执法工作；

2. 对日常监管及承办的违法案件依法进行调查取证并提出处理意见；

3. 执法过程中应当严格遵守法律法规的相关规定，做到主体适格，程序合法，适用法律法规正确。

（三）岗位要求

1. 严格遵循职权法定、权责统一、程序合法、高效便民、公平公正原则，坚持严格规范公正文明执法。

2. 认真依法履职尽责，自觉遵守行政执法工作制度，秉公执法，热情服务，清正廉洁，自觉维护行政执法机关公信力。

3. 认真落实举报、投诉制度，及时受理和依法处理公民、法人和其他组织对违反行政管理行为的举报、投诉。

4. 按照国家有关规定，全面落实行政执法公示、行政执法全过程记录和重大行政执法决定法制审核制度，实现行政执法信息及时准确公示、行政执法全过程留痕和可回溯管理、重大行政执法决定法制审核全覆盖。

5. 认真遵守法定程序，在开展调查或者检查、实施行政强制措施时行政执法人员不得少于两人，并主动出示行政执法证件，表明执法身份，依法出具行政执法文书，主动告知当事人执法事由、执法依据、权利义务等内容，充分听取当事人的意见。

6. 坚持执法为民理念，尊重当事人的基本权利和合法权益，慎重实施行政处罚和行政强制，并做到语言文明、行为规范、结果公正。不断创新行政执法方式，推广运用说服教育、劝导示范、行政指导等非强制性手段，引导当事人自觉遵守法律、法规。

7. 严格执行罚缴分离和收支两条线制度，除依法当场收缴的罚款外，不得自行收缴罚款。依法没收的财物，应当按照国家和本省有关规定公开拍卖或者处理。罚款、没收违法所得或者没收非法财物拍卖的款项，应当全部上缴国库。依法应当销毁的物品，经乡镇人民政府和街道办事处负责人批准，由两名以上执法人员监督销毁，销毁过程应全程记录。

8. 按照规定，及时将行政处罚、行政强制、行政检查等行政执法行为的相关文书、证据材料以及电子文件、电子数据等立卷归档。

9. 行政执法人员不得有下列行为：

（1）违反湖北省市场监管局发布的《湖北省市场监管执法五公开十不准规定》；

（2）在行政执法案件办理中未全流程应用湖北省市场监管协同执法办案系统；

（3）在行政执法中未按要求全面落实行政执法公示制度、执法全过程记录制度、重大执法决定法制审核制度"三项制度"；

（4）无故或者借故拖延有关法律、法规、规章规定的履行职责的法定时间和本规定限定的期限；

（5）散布有损国家声誉的言论，泄露国家秘密；泄露当事人商业秘密、个人隐私；

（6）索贿受贿，以权谋私；利用职权为自己或者他人谋取私利；

（7）涂改、隐匿、伪造、毁灭有关记录或者证据；

（8）滥用职权，侵犯公民、法人和其他组织的合法权益；

（9）向案件当事人及其亲友或者其他有关人员通风报信、泄露案情；

（10）有弄虚作假、徇私枉法等其他违法乱纪行为。

三、执法流程

（一）简易处罚流程图

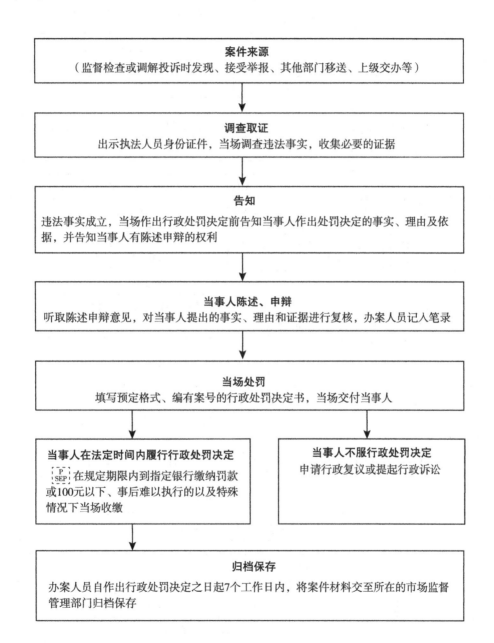

案件来源
（监督检查或调解投诉时发现、接受举报、其他部门移送、上级交办等）

调查取证
出示执法人员身份证件，当场调查违法事实，收集必要的证据

告知
违法事实成立，当场作出行政处罚决定前告知当事人作出处罚决定的事实、理由及依据，并告知当事人有陈述申辩的权利

当事人陈述、申辩
听取陈述申辩意见，对当事人提出的事实、理由和证据进行复核，办案人员记入笔录

当场处罚
填写预定格式、编有案号的行政处罚决定书，当场交付当事人

当事人在法定时间内履行行政处罚决定
在规定期限内到指定银行缴纳罚款或100元以下、事后难以执行的以及特殊情况下当场收缴

当事人不服行政处罚决定
申请行政复议或提起行政诉讼

归档保存
办案人员自作出行政处罚决定之日起7个工作日内，将案件材料交至所在的市场监督管理部门归档保存

（二）普通程序流程图

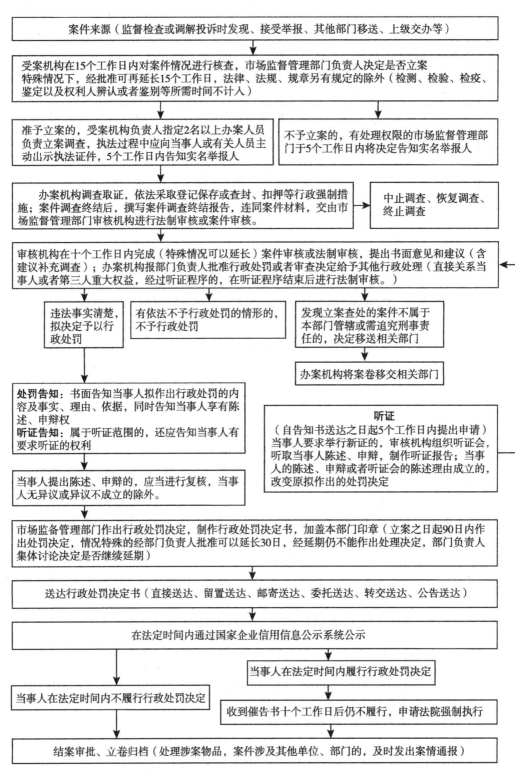

案件来源（监督检查或调解投诉时发现、接受举报、其他部门移送、上级交办等）

受案机构在15个工作日内对案件情况进行核查，市场监督管理部门负责人决定是否立案特殊情况下，经批准可再延长15个工作日，法律、法规、规章另有规定的除外（检测、检验、检疫、鉴定以及权利人辨认或者鉴别等所需时间不计入）

准予立案的，受案机构负责人指定2名以上办案人员负责立案调查，执法过程中应向当事人或有关人员主动出示执法证件，5个工作日内告知实名举报人

不予立案的，有处理权限的市场监督管理部门于5个工作日内将决定告知实名举报人

办案机构调查取证，依法采取登记保存或查封、扣押等行政强制措施；案件调查终结后，撰写案件调查终结报告，连同案件材料，交由市场监督管理部门审核机构进行法制审核或案件审核。

中止调查、恢复调查、终止调查

审核机构在十个工作日内完成（特殊情况可以延长）案件审核或法制审核，提出书面意见和建议（含建议补充调查）；办案机构报部门负责人批准行政处罚或者审查决定给予其他行政处理（直接关系当事人或者第三人重大权益，经过听证程序的，在听证程序结束后进行法制审核。）

违法事实清楚，拟决定予以行政处罚

有依法不予行政处罚的情形的，不予行政处罚

发现立案查处的案件不属于本部门管辖或需追究刑事责任的，决定移送相关部门

办案机构将案卷移交相关部门

处罚告知：书面告知当事人拟作出行政处罚的内容及事实、理由、依据，同时告知当事人享有陈述、申辩权
听证告知：属于听证范围的，还应告知当事人有要求听证的权利

听证
（自告知书送达之日起5个工作日内提出申请）当事人要求举行新证的，审核机构组织听证会，听取当事人陈述、申辩，制作听证报告；当事人的陈述、申辩或者听证会的陈述理由成立的，改变原拟作出的处罚决定

当事人提出陈述、申辩的，应当进行复核，当事人无异议或异议不成立的除外。

市场监备管理部门作出行政处罚决定，制作行政处罚决定书，加盖本部门印章（立案之日起90日内作出处罚决定，情况特殊的经部门负责人批准可以延长30日，经延期仍不能作出处理决定，部门负责人集体讨论决定是否继续延期）

送达行政处罚决定书（直接送达、留置送达、邮寄送达、委托送达、转交送达、公告送达）

在法定时间内通过国家企业信用信息公示系统公示

当事人在法定时间内履行行政处罚决定

当事人在法定时间内不履行行政处罚决定

收到催告书十个工作日后仍不履行，申请法院强制执行

结案审批、立卷归档（处理涉案物品，案件涉及其他单位、部门的，及时发出案情通报）

（三）听证流程图

```
当事人要求听证（告知书送达之日起5个工作日内）
在告知书送达回证上签署意见，或单独提出；
以口头形式提出的，办案人员应当将情况记入笔录
```

↓

```
确定听证主持人
(收到当事人要求举行听证的申请之日起3个工作日内)
办案人员不得担任听证主持人，听证主持人须与本案当事
```

↓

```
移交案件材料
(确定听证主持人之日起3个工作日内)
听证主持人审阅案件材料，准备听证提纲
```

↓

```
确定听证时间、地点
（接到办案人员移交的案件材料之日起5个工作日内）
```

↓

```
送达、通知（举行听证7个工作日前）
将听证通知书送达当事人；
通知办案人员，向其退回案件材料
```

↓

```
公告（举行听证3个工作日前）
公开举行听证，公告当事人姓名或名称、案由以及听证的时间、地点
```

↓

```
举行听证
制作听证笔录，经听证参加人核对无误后，由听证参加人当场签名或者盖
章；当事人、第三人拒绝签名或者盖章的，应当在听证笔录中记明情况
```

↓

```
撰写听证报告（5个工作日）
听证主持人撰写听证报告，由听证主持人、听证员签名，连同听证笔录送
办案机构，由其连同其他案件材料一并上报市场监督管理部门负责人
```

四、系统操作

（一）系统登录

1. 内网登录

从内网网址 http：//192.0.97.142 登录湖北省市场监督管理局内网门户，点击导航栏【三网一中心】，点击【智慧监管一张网】，进入一张网平台系统，选择【查看更多】，在列表中点击【执法办案】进入协同执法办案平台；

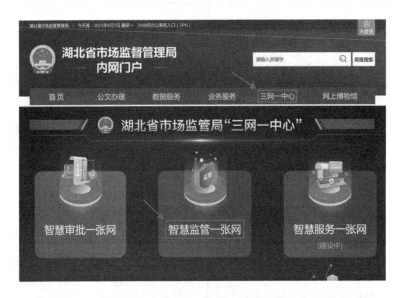

2. 外网登录

由外网网址 https：//hbsj. gssjy. com：48080/hbzhscjg/登录进入一张网平台系统，选择【查看更多】，在列表中点击【执法办案】进入协同执法办案平台。

（二）主要功能

协同执法办案系统便于指导基层执法人员开展案源线索登记、初步核查、调查取证、调查终结报告、相关事项申请、执法文书归档等工作。包括智慧市场监管一张网中的执法办案模块。

（三）操作指南

协同执法办案系统功能包括一般案件处理、相关事项审批、执法文书处理及个人查询。

案源案件管理主界面

1. 一般案件处理

对群众投诉举报（含监督检查、投诉举报、上级交办、其他部门移交等）线索进行处理，登记案源线索信息并进行核查。

在系统主页中点击【案件办理】页签进入案件办理页面，可录入上传新申请案件相关信息证据、提出处理建议；提交审核审批后负责人选择是否批准立案；录入调查取证信息并生成调查报告，或将线索转办给其他市场监管机构；查看案件信息、流转信息及退回原因。

2. 相关事项审批

可以申请案件移动函、案件交办通知书等相关事项文书，申请相关事项需要一起申请行政处罚案件有关事项审批表进行审批。

在系统主页【案件办理】页签中选择相关事项审批，采用线索编号、当事人及案源名称等条件搜索案件，选择要申请审批事项，填写理由和证据附件，提交审核。

3. 执法文书处理

执法文书处理功能包括文书制作及文书报批。

相关事项申请界面

在系统主页【案件办理】页签中点击线索编号对应案件进入信息页面，通过文书预览、依据制定节点填写的内容自动生成合规执法文书格式。在文书预览页面通过电子签名功能签字并提交审核审批。

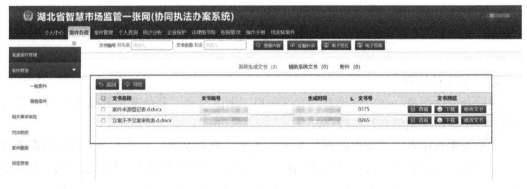

文书详情界面

4. 个人查询

信息查询页面用于查询执法人员办理的案件信息。

在系统主页中点击【个人查询】页签，通过个人案件查询功能筛选条件后进行查询。通过输出数据项功能选择需展示的字段后可选择导出为 excel 文件。

5. 标签管理

标签管理功能包括案件打标、信息填报及初始化数据等操作。

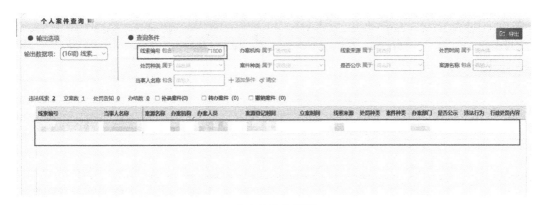

个人查询主界面

在系统主页中点击【案件办理】页签，通过标签管理功能筛选条件后选出需打标案件进行打标；勾选案件种类填报相应案件内容后上报；点击【初始数据】进入报表系统，选择初始化时间段后通过进行初始化操作，并将报表数据导入国家报表系统。

统计报表初始化数据界面

（四）台账制作

登录智慧监管一张网"协同执法办案平台（"执法办案"平台），点击"案件管理"，选择"处罚时间""承办机构"等条件点击"检索""导出"可导出执法案件有关信息台账。

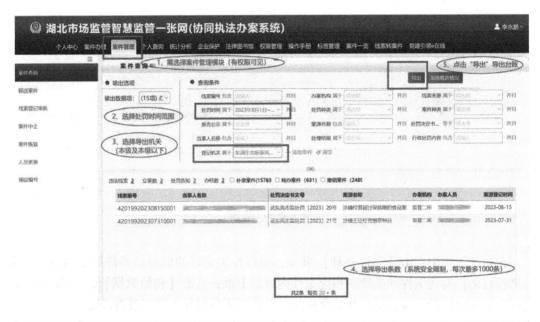

根据日常执法工作需要，市场监管所整理制作有关工作台账，如食品安全案件清单及台账、特种设备案件清单及台账、药品案件清单及台账等相关案件台账示例如下。

1. 市场监管所辖区案件台账（行政强制措施）

序号	强制措施编号	案件名称	承办人	强制措施种类	审批时间	查扣（封）财务情况	保管责任人	处理情况

2. 市场监管所辖区案件台账（一般程序案件）

序号	处罚文号	立案时间	案件名称	处罚种类		适用法规	办案人员	处罚时间	是否公示	是否归档上交	罚没票据号	执行情况	法制审核
				罚没款（元）	没收物资								

五、设 立 条 件

依据《市场监督管理所建设规范（暂行）》《市场监督管理所等级评定管理办法（试行）》等，市场监管所承担辖区内行政执法工作，负责查处或者协助查处违反市场监管法律、法规、规章的行为。

六、基础保障条件

（一）交通装备：配备执法车辆。

（二）取证装备：配备执法记录仪、笔记本电脑、便携式打印机、摄像机、照相机、录音笔等。

（三）办案装备：配套有询问室。室内配备电子监控（含语音功能）、光盘刻录机、打印机等。

（四）防护装备：配备执法服装、医用口罩、防护手套等。

（五）其他装备：配套有执法装备室、罚没物品存放室等。

七、履职风险及防控措施

（一）执法风险

1. 不依法受理举报，私自接待案件来访，私自扣押、销毁、使用举报材料；向被举报人或相关人员泄露举报内容或举报人信息；泄露案件线索牟取私利。

2. 执法人员未按照规定着装，未按照规定程序进行执法检查，在企业吃拿卡要，违规接受企业的请客送礼及高消费娱乐活动。

3. 应当立案调查而不立案调查或不应当立案调查而立案调查。

4. 执法办案不作为或乱作为，在调查取证过程中避重就轻，发现违法行为不调查或不深入调查而以查无实据而销案。

5. 以罚代刑或应移送其他部门而不移送。

6. 案件处罚畸轻畸重、类案不同罚、趋利性随意性执法现象，滥用自由裁量权搞钱权交易。

7. 违反规定处理罚没财物，对于当事人拒不执行处罚决定的案件不申请强制执行，不依规定公开拍卖、销毁罚没物资。

8. 处罚决定作出后发现应当移送司法机关或其他部门继续处理而不移送，执法人员为逃避责任故意损毁、隐匿案件资料。

9. 应当采取强制措施而不采取强制措施或不应当采取强制措施而滥用强制措施。

10. 执法人员收受他人好处，对本应按一般程序处理的案件而采取简易程序处理。

11. 违反信息公开规定，处罚信息不依程序公开。

（二）廉政风险

1. 执法人员失职渎职，有案不查、有案不立、违法不究。

2. 执法人员吃拿卡要，随意到企业执法检查，故意刁难企业，违规接受企业礼品红包。

3. 执法人员谋取私利，故意泄露案件线索，在办案过程中大案小办、重案轻办、应移不移，帮助相对人逃避或减轻处罚。

（三）防控措施

1. 组织开展《湖北省市场监管执法五公开十不准规定》学习贯彻落实，加强对执法办案人员的职业道德和廉政教育，强化风险意识和责任意识。

2. 全面应用湖北省市场监管协同执法办案系统办理行政处罚案件。

3. 全面落实行政执法坚决执行公示制度、执法全过程记录制度、重大执法决定法制审核制度等行政执法"三项制度"。

4. 接待投诉举报来访必须在办公室进行，一般应由两人以上在场，并做好接待记录。

5. 对没收的物品，必须按规定处理；对涉嫌犯罪的案件，必须按照规定移送司法机关。

6. 建立和完善执行执法检查制度，建立责任追究制度，对应当组织查处而不查处、滥用自由裁量权、违规处理没收物品的办案人员要追究有关责任；建立健全投诉举报渠道，自觉接受群众和纪检监察部门的监督。

八、《湖北省市场监管执法五公开十不准规定》

实施行政处罚必须遵循公开原则：
（一）行政处罚和行政强制事项向社会公开；
（二）免罚事项和适用条件在本辖区内公开；
（三）办案流程在协同执法系统上实时公开；
（四）裁量理由和依据应在处罚决定中公开；
（五）行政处罚决定书经脱敏脱密后网上公开。

执法人员应牢固树立执法为民理念，清正廉洁，文明执法。严禁吃、拿、卡、要，严禁以案谋私：

（一）不准参加当事人安排的宴请娱乐旅游活动；

（二）不准收受当事人赠送的礼品礼金有价证券；

（三）不准以借款借物等名义向当事人索要财物；

（四）不准伪造当事人签名或擅自更改执法文书；

（五）不准在执行公务活动中殴打或辱骂当事人；

（六）不准在办公场所以外地点单独会见当事人；

（七）不准威胁或变相要挟当事人接受行政处罚；

（八）不准超期超范围查封扣押财物或封厂封店；

（九）不准向被举报人透露举报人真实身份信息；

（十）不准以任何形式传播或泄露当事人商业秘密。

（一）二维码视频案例示范

1. 价格违法案例办案流程教学片（黄梅某公司价格违法案）

2. 计量器具违法案例办案流程教学片（长沙某公司计量器具违法案）

3. 认证违法案例办案流程教学片（某餐饮公司冒用认证证书案）

第十三章　消费维权岗位履职规范

一、工作职责

（一）建立健全消费维权工作制度，规范工作流程，提升工作效能。

（二）受理和办理消费者投诉举报和咨询。

（三）组织开展3·15国际消费者权益日纪念活动、消费者权益保护等普法宣传教育活动。

（四）定期汇总、分析和报送消费者诉求信息，为市场监管提供数据支撑。

（五）开展放心消费示范创建，加强消费环境建设。

（六）建立健全基层消费维权网络，推进消费纠纷多元化解。

（七）完成上级交办的其他消费维权事项。

二、工作任务

（一）完善投诉举报受理、处置、办结等工作流程，落实工作职责和责任。

（二）受理办理和回复反馈消费者咨询、投诉、举报，在法定时限内办结，并按要求进行系统录入和材料归档。

（三）推进线上纠纷和解ODR企业的发展，定期开展指导工作。

（四）根据工作需要，适时汇总分析投诉举报信息，对可能引发重大消费事件因素进行评估和研判，及时预警、妥善处置。

（五）在重要节假日、消费集中的时间节点等，及时制发消费警示提示和典型案例。

（六）组织开展"315国际消费者权益日"等消费维权系列宣传活动，开展消费维权法律法规知识培训，引导科学低碳理性消费。

（七）在辖区内大型商超、餐饮店等投诉举报较为集中的消费密集场所，推动建立消费纠纷化解"一站式"服务站建设，推动消费纠纷化解在基层，消除在萌芽。

（八）引导辖区内经营主体积极参与放心消费示范创建，推动线下无理由退换货、赔偿先付等高于法律法规的消费维权承诺，不断优化消费环境，提振消费信心。

三、工作流程及工作要求

（一）工作流程

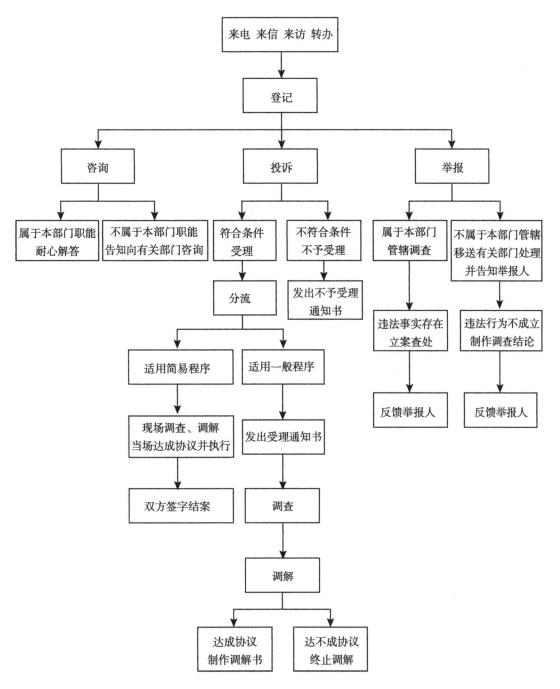

（二）工作要求

1. 市场监管所处理投诉举报，应当按照《市场监督管理行政处罚程序规定》和《市场监督管理投诉举报处理暂行办法》规定的程序和时限予以处理。

2. 接到上级分流及本单位自行接收的投诉后，应及时初查，七个工作日内作出是否受理的决定并告知投诉人。

3. 对属于市场监管部门工作职责范围内的咨询，应当当场解答。当场无法解答的，应先行登记，与相关业务部门研究后及时回复。对属于其他有关部门职责的投诉、举报，应及时移送相关部门处理并做好记录、存档工作。

4. 诉求人同时提出投诉和举报，或者提供的材料包含投诉和举报内容的，市场监管所应对投诉和举报予以分别处理，分类建立投诉举报和纠纷管理档案，并进行统计分析，积极采取有效措施减少和预防投诉举报和纠纷的发生。

5. 投诉受理后，承办的市场监管所应当指派两名以上工作人员进行调查，组织调解，四十五个工作日内投诉人和被投诉人未能达成调解协议的，应当终止调解。并自作出终止调解决定之日起七个工作日内告知投诉人和被投诉人。

6. 市场监管所接到举报线索后，应当自发现之日起十五个工作日内予以核查，并按照市场监督管理行政处罚有关规定予以处理。特殊情况下，核查时限可以延长十五个工作日。法律、法规、规章另有规定的，依照其规定。并自作出是否立案决定之日起五个工作日内告知举报人。

7. 市场监管所应遵循合法、自愿原则调解消费纠纷，公平公正地化解纠纷，有效保护各方当事人的合法权益，为当事人自愿达成和解提供便利，不得强制一方或者双方接受、放弃调解或者调解内容。

8. 市场监管所应按照上级部署，引导具备能力的企业加入在线纠纷解决（ODR）机制，推进消费纠纷在线和解。推动消费维权服务站建设，提升消费纠纷解决效率。

9. 市场监管所在调解纠纷中发现涉嫌违反市场监管法律、法规、规章线索的，应当按照"诉转案"工作流程予以处理。

10. 辖区内问题举报线索处置率要达到 100%，按期办结率达到 100%，消费者投诉有效调解率不低于 90%。

四、系统操作

（一）系统登录

内网登录：从内网网址 http：//192.0.97.142 登录湖北省市场监督管理局内网门户，点击导航栏【三网一中心】，点击【智慧监管一张网】，进入一张网平台系统，选择【查看更多】，在列表中点击【全国 12315 平台】进入 12315 系统平台，输入用户名、密码，点击登录即可。

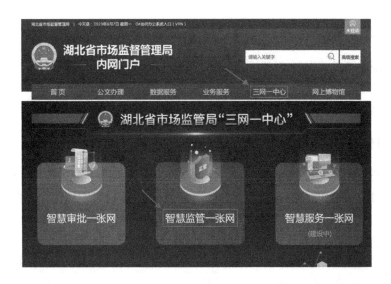

全国 12315 平台门户首页

（二）主要功能

12315 系统主要功能包括业务受理、工单提调、审批管理、ODR 管理、案件催督办、历史工单处理、综合查询等，可指导基层执法人员开展业务反馈、历史工单处理及综合查询等工作。包括全国 12315 操作平台。

（三）操作指南

12315 系统主要功能包括业务登记、业务受理、工单提调、审批管理、ODR 管理、案件催督办、历史工单处理、综合查询等。市场监管所使用 12315 平台系统的主要功能包括业务反馈处理、历史工单处理及综合查询等功能。

1. 业务反馈处理

【反馈】模块主要用于工单的反馈操作，主要功能包括待反馈、办结审批取消及已反馈操作。

（1）待反馈

待反馈功能汇总了需要当前部门进行反馈操作的所有记录，包括本部门自办的，也包括上级单位分派及横向部门分流的记录。本模块提供查询、开始办理、初查反馈、核查反馈、进度反馈、办结反馈、延期申请、退回等功能。

在系统中点击导航栏【业务处理】→【反馈】→【待反馈】的顺序进入本功能模块，点击【开始办理】进入初查反馈（针对投诉件）/核查反馈（针对举报件）流程。

初/核查反馈后可进行"进度反馈""办结反馈""办结/核查延期申请"等操作。除"开始办理"反馈操作外，亦可进行"取消办理"及"申请重新分流"操作。

登记编号	类型	登记时间 ⇕	提供方	涉及主体	登记	操作
213700000020210420000365044	举报	2021-04-20 13:46			故意	进度反馈 办结反馈 办结延期申请
213700000020210419000364799	投诉	2021-04-19 11:45			购买	初查反馈 申请重新分流 取消办理
213700000020210414000363400	咨询	2021-04-14 20:45			散播	进度反馈 办结反馈
213701000020210419000364894	投诉	2021-04-19 16:50			投诉	帮办解释
213700000020210414000363397	举报	2021-04-14 20:42			婴儿	核查反馈 核查延期申请 申请重新分流

待反馈操作页面

（2）办结审批取消

办结审批取消功能用于承办单位处理人员在完成业务工单的办理并提交办结反馈后，业务工单会处于待办结审批状态，此时若需要重新进行办结反馈操作，则可使用该菜单进行取消办结操作。

在系统中点击【业务处理】→【反馈】→【办结审批取消】的顺序进入本功能模块，通过查询选择所需待办结审批业务进行取消办结操作。

（3）已反馈

已反馈功能汇总了当前用户完成初/核查反馈或办结反馈操作后的记录。

在系统中点击【业务处理】→【反馈】→【已反馈】的顺序进入本功能模块，通过查询选择已反馈业务了解详情。

2. 历史工单处理

历史工单处理主要包括历史工单的办结反馈、办结延期审批及历史业务记录查询。

在系统中导航栏点击【历史工单处理】进入功能模块后，可点击【办结反馈】、【办结延期审批】及【业务记录查询（历史）】模块分别进入相应功能模块进行对应操作。

3. 综合查询

综合查询功能主要包括业务记录、表扬记录、超期记录、撤诉记录、评价记录、企业画像信息、转 ODR 企业、ODR 企业自行和解、价药监业务记录查询。

在系统中点击【综合查询】进入查询功能模块后，点击【业务记录查询】可进行查询、登记信息导出、登记信息打印等操作；

点击【表扬记录查询】、【超期记录查询】、【撤诉记录查询】、【评价记录查询】、【企业画像信息查询】、【转 ODR 企业查询】、【ODR 企业自行和解】、【价监业务记录查询】及【药监业务记录查询】等模块，亦可分别进入相应功能模块进行对应操作。

（四）台账制作

1. 市场监管所投诉举报登记台账

序号	投诉人	被投诉主体	投诉时间	登记编号	回复时间	投诉分类	备注

五、设 立 条 件

依据《市场监督管理所建设规范（暂行）》《市场监督管理所等级评定管理办法（试行）》等，市场监管所承担的任务包括处理涉及市场监管的投诉举报，应当设立消费维权等基本工作岗位。市场监管所可设立消费维权岗，配备一名以上专兼职人员从事消费维权工作。建立、健全受理和处理消费者投诉举报工作制度，并在办事大厅进行公示。及时受理消费者的合理诉求，高效处置消费纠纷，切实维护消费者的合法权益。

六、基础保障条件

各市场监管所设立的消费维权岗位，应符合以下条件：

（一）设立固定的消费维权工作场所（消费纠纷调处室），并配备必要的办公设施；

（二）设立一块消费维权岗位标识牌；

（三）配备一名以上专兼职工作人员，并公示姓名及联系方式；

（四）设立一块消费维权宣传栏；

（五）配备一部固定的受理电话；

（六）配备一台可以连接政务外网和互联网的计算机；

（七）配备一台处理投诉举报的执法车辆；

（八）制定一套受理和处理消费者投诉的工作制度，并上墙公示。

（九）有条件的单位可以同时建设一体化的线上消费维权服务站，配备必要的线上调解设施设备。

七、履职风险及防控措施

（一）履职风险

1. 岗位履职风险：工作中消极应付，政治敏锐性差，因消费纠纷处理不及时、不到位而引发消费舆情。

2. 岗位职责特殊性风险：可能存在业务知识欠缺，服务态度冷淡，对待消费者缺乏耐心现象。

3. 业务流程风险：在处理消费者诉求的过程中可能存在未按规定程序、时限办理的现象，引发行政复议或行政诉讼。

4. 个人信息安全风险：消费诉求涉及个人信息，如不妥善保密，可能存在个人信息泄露的风险，给投诉举报人造成损失。

5. 制度机制风险：规章制度不健全、不完善、可操作性差；缺乏行之有效的制约机制、监督机制和责任追究机制。

6. 廉政环境风险：可能存在索取或收受相关人员的钱物，接受各种宴请；可能存在受外部因素的影响，容易产生麻痹、松劲的思想。

（二）防控措施

1. 加强政治学习和思想教育，加强业务知识培训，提升服务水平，强化廉洁自律意识，筑牢思想道德防线。

2. 规范工作程序、细化工作流程、严格遵照流程办事，严防违规行为的发生。

3. 加强消费者个人信息安全管理，积极采取相应的加密、去标识化等安全技术措施，强化消费者个人信息安全防护能力，确保信息安全，防止消费者个人信息泄露、丢失。

4. 建立健全岗位责任制，明确工作人员的权责；进一步完善相关工作制度。

5. 强化消费维权处置的监督管理，通过开展自查自纠、批评与自我批评等方式，将监督机制常态化、长效化。

6. 建立回访机制，加强群众对基层工作人员的监督。

◎ **附：市场监管制式服装参考**

后　记

根据市场监管所标准化规范化建设工作需要，湖北省市场监管局人事处、宣传教育中心组织编写了《市场监督管理所岗位履职规范》。

本书共 13 个章节，分别对应推荐设置的市场监管所 1 个综合管理岗位和 12 个业务岗位。作为县级市场监管部门的派出机构，市场监管所应该承担什么职能职责，各级市场监管部门和基层一线干部普遍关注。参照市场监管总局印发的《市场监督管理所建设规范（暂行）》和关于贯彻落实市场监管综合行政执法改革有关指导意见，考虑原工商所、食药所工作沿革等因素，在广泛听取各市州局意见基础上确定了 12 项业务工作职责。这些职能职责并不一定能够涵盖市场监管所实际开展的全部业务工作，也并不是每一个市场监管所都能够有效开展这些业务工作，在实际工作中要以有利监管、有效监管为原则，因地制宜、实事求是划分局、队、所事权。

本书的编写工作由省市场监管局人事处和宣传教育中心牵头组建工作专班，省局各相关处室和各市州局承担了大量具体工作任务。各市州局按照分工分别承担了 2 个岗位履职规范编写工作。省市场监管局法规处、执法稽查处、登记注册处、信用处、价监竞争处、网监合同处、广告处、消保处、质量监督处、食品协调处、食品生产处、食品流通处、餐饮处、食品抽检处、特设处、省个私中心和省药监局药品经营监管处、人事科教处等处室、单位选派业务骨干对市州局稿件进行审核把关、整合编辑和重新编写。省市场监管局科信处、信息中心和省药监局信息中心组织编写了各岗位网络系统操作规范。省市场监管宣教中心承担了综合管理岗位重新编写工作。

随着经济社会的高质量发展和全面深化改革的持续深入推进，市场监管工作任务、重点和要求处于不断变化的动态过程。各项职能职责涉及的法律法规、地方性工作要求和监管执法的形势任务将会不断调整完善，本书有关内容可能会与工作实际不完全一致，加之编写时间仓促、编写校审人员水平有限，难免有疏漏之处。欢迎大家提出宝贵的批评意见，我们将在今后的编写校审和教育培训工作中及时修正。大家的意见建议可以通过电子邮件发送至 hbsjpx@163.com。